어느 지구주의자의 시선

인간과 자연, 공존하며 살아간다는 것

어느 지구주의자의 시선

기후변화와 생태 이야기

안병옥 지음

오랜 역사 속에서 가장 많은 사람들이 본 사진의 제목은 '푸른 구슬'이라는 뜻을 가진 '블루 마블The Blue Marble'이다. 검은 바탕의 사진에는 영롱한 푸른빛 위로 흰 물감을 풀어놓은 듯 신비로운 자태를 뽐내는 구슬 모양의 피사체가 등장한다. 언뜻 보면 마치 세상을 읽어내는 마법사의 수정 구슬을 보고 있는 것만 같다.

하지만 구슬이 제아무리 아름답기로서니 그토록 폭발적인 인기를 누렸을 리는 없을 것이다. 그렇다면 이 사진의 진짜 주인공은 누구였을까? 바로 우리가 살고 있는 지구다.

1972년 12월 7일 아폴로 17호 승무원들이 촬영한 이 한 장의 사진은, 지구를 대하는 세상 사람들의 태도를 크게 바꾸어놓았다. 마야나 스톤헨지 유적에서 알 수 있듯이, 별은 선사시대부터 관찰과 숭배의 대상이었다.

그런데 오직 지구라는 별만은 예외였다. 20세기 중반까지 지구는 단 한 번도 자신의 모습을 온전하게 보여준 적이 없는 비가시적非可視的인 존재였다. 그건 거울로 비추어 보기 전에는 자신의 몸을 완전히 볼 수 없는 것처럼, 우리가 지구의 일부이기 때문에 감수할 수밖에 없는 인식의 한계였는지도 모른다.

'블루 마블' 덕분에 인류는 지구가 수많은 생명체를 태우고 우주를 여행하는 한 척의 배라는 사실을 눈으로 확인할 수 있었다. 물론 '우주선 지구호宇宙船 地球號'라는 단어가 쓰인 것은 '블루 마블'이 대중에게 공개되기 훨씬 전이다.

1879년 미국의 경제학자 헨리 조지Henry George는 저서 『진보와 빈곤』에서 "지구는 식량을 가득 싣고 우주로 항해하는 우릴 태운 배다. 만일 갑판 위의 빵과 고기가 부족한 상태가 되면 갑판 덮개를 열면 된다. 그 아래엔 꿈에도 생각할 수 없을 만큼 많은 식량이 쌓여 있을 것이다"라고 썼다. 이 글귀에는 지구가 제공해줄 수 있는 자원과 서비스는 무한하다는 믿음이 잘 드러나 있다.

하지만 20세기를 지나면서 '우주선 지구호'에 대한 인식은 달라지기 시작했다. 배에 실을 수 있는 식량은 유한하며, 그것을 인류가 너무 빠른 속도로 먹어치우고 있다는 사실이 점점 분명해졌기 때문이다. 1968년 신미래파 건축가인 버크민스터 풀러 Buckminster Fuller는 우리가 탄 배의 적재량이 한계선을 넘어섰을 때 어떤 일이 벌어질지 누구도 알 수 없다는 점을 빗대 이렇게 말한다. "우주선 지구호와 관련하여 중요한 사실은, 우린 사용설명서를 갖고 있지 않다는 것이다."

이 책의 제목에 등장하는 '지구주의자'라는 말은 국가주의자 statist와 대비되는 세계화주의자globalist를 뜻하지 않는다. 굳

이 따지자면 생태신학자 존 캅John Cobb이 '경제주의economism'
에 도전하는 사람이라는 의미로 쓴 지구주의자earthist에 가깝
다. 지구주의자는 특별한 사람이 아니다. 인간은 지구의 일부이
며 지배자가 아니라는 사실을 담담하게 받아들이는 사람, 그러
므로 지구를 파괴하는 것은 곧 스스로를 파괴하는 것임을 자각
하는 사람, 지구선 우주호의 적재량을 무한대로 늘릴 수 없다는
생태학의 가르침에 귀 기울이는 사람이라면 누구나 지구주의자
가 될 수 있다고 믿는다. 외람되지만 책의 제목을 『어느 지구주
의자의 시선』으로 붙인 까닭이다.

이 책은 2004년부터 지금까지 여러 신문과 주간지 등에 기고
했던 칼럼들을 간추려 모은 것이다. 따라서 책 전체적으로 일관
성을 유지하고 중복되는 내용은 줄이기 위해 노력했지만 완벽하
게 된 것 같지는 않다. 하지만 이렇듯 낱개로 흩어져 있던 60편

의 독립적인 글들을 시간의 흐름을 따라가며 읽는 장점도 있을 것이다.

이 책을 읽는 독자들이 10년 전이나 지금이나 별반 달라지지 않은, 아니 어쩌면 선체가 더 기울어져 침몰 직전에 있는 지구호의 수많은 승객들의 모습과 만나게 되길 바란다. '더 나은 미래'를 위해 지금 우리가 어떤 선택을 해야 하는지 판단하는 것 또한 순전히 독자들의 몫이다.

CONTENTS

PART2
우리가 지켜야 할 것들

PART3
'더 나은 미래'를 위한 선택

1
PART

지구와 공존하며
살아가기

01
CHAPTER

기후변화에 맞서는
축구선수들

축구선수는 세계를 통틀어 2억 6,500만 명 정도라고 한다. 프로선수 14만 명에 17세 이하 청소년들과 협회에 등록되지 않은 동호회 선수들을 모두 합해서 그렇다. 심판으로 활약하고 있는 500만 명까지 포함하면 세계 인구의 약 4%가 축구가족인 셈이다. 축구공 하나로 지구촌을 달구는 월드컵은 수많은 종목의 경연장인 올림픽보다 인기가 높다. 축구는 사람들을 하나로 연결된 세상으로 안내하는 마법의 묘약이다.

하지만 축구의 얼굴은 양면적이다. 과거보다는 시들하다는 평가도 있지만, 여전히 국가주의와 상업주의에 이용되는 도구라는 비판으로부터 자유롭지 않다. 남미와 아시아의 독재자들은 자신들의 폭력성과 무능을 감추기 위해 축구를 정치적으로 이용하곤 했다. 축구는 거대한 산업으로 성장한 지 오래다. 유명 축구클럽들의 한 해 수입은 웬만한 대기업의 매출액보다 많다. 프로선수들의 이적료와 연봉도 상상을 초월한다. 2009년 맨체스터 유나이티드에서 레알 마드리드로 옮긴 크리스티아누 호나우두의 이적료는 1,400억 원을 웃돌았다.

축구에는 알려지지 않은 기록들이 많다. 예컨대 스타선수를 가장 많이 보유한 구단은 FC 글로벌 유나이티드라는 팀이다. '게르만 축구'의 상징 로타어 마테우스, 프랑스 '아트 사커'의 대명사 지네딘 지단, 브라질의 축구영웅 카푸 등 소속 선수가 250명이 넘는다. 이들은 모두 한 시대를 풍미했던 축구스타들이다. 그런데 이들에겐 연봉이나 이적료가 없다. 90분 경기를 뛰는 경우에도 여행 경비와 숙소 정도만 제공된다. 구단 홈페이지에는 이렇게 쓰여 있다. "다음 경기는 FC 글로벌 유나이티드 올스타 대 지구온난화입니다."

FC 글로벌 유나이티드는 축구를 매개로 사람들의 마음을 묶어 기후변화에 맞서 싸우자는 취지로 창단됐다. 관람료는 대부분 나무를 심거나 기후변화 희생자들을 돕는 긴급 구호활동에 쓴다.

창설자이자 구단주인 루츠 판넨슈틸Lutz Pfannenstiel은 세계

6대 대륙에서 빠짐없이 프로선수 생활을 한 유일한 인물로서 기네스북에 오른 독일 출신 골키퍼다. 15개 국가, 25개 프로축구단에서 활약한 그에게 세계의 주요 언론은 '국경 없는 세계의 골키퍼'라는 이름을 선사했다.

어린 시절 판넨슈틸은 독일 축구계가 주목하는 기대주였다. U-17 청소년축구 국가대표팀에서 수문장으로 활약하던 그는 FC 바이에른 뮌헨으로부터 소속 아마추어 팀에서 뛰어달라는 솔깃한 제안을 받는다. 하지만 그는 명문 프로축구팀 소속 선수들만이 누릴 수 있는 엄청난 액수의 돈과 명예가 주는 유혹을 과감하게 뿌리치고 말레이시아로 향하는 비행기에 몸을 실었다.

이후부터는 고난의 연속이었다. 싱가포르에서는 승부 조작에 참여했다는 혐의로 체포돼 석 달이 넘게 감방에 갇혀 있어야 했다. 영국에서는 경기 도중 상대방 선수와 충돌한 후 의식을 잃고 사경을 헤맨 적도 있다. 그의 파란만장한 '방랑자 인생'은 하늘이 내린 천형天刑인 것처럼 보였다.

눈길을 끄는 것은 판넨슈틸이 이 사건들을 겪으면서 사회문제에 눈뜨기 시작했다는 점이다. 바람처럼 세계의 구석구석을 누비며 돈보다는 자유가 성공의 척도라고 생각했던 그는 깊은 고민에 빠졌다. 기후변화를 막기 위해 축구선수로서 무엇을 할 수 있을까. "그래, 사람들이 좋아하는 축구를 무기 삼아 기후변화에 한번 맞서보자." 그는 자신의 생각을 주저 없이 실행에 옮겼다. 기후변화에 대항하는 축구팀 FC 글로벌 유나이티드는 이렇게 탄생했다.

죽을 고비를 몇 번씩 넘기면서 판넨슈틸이 얻은 교훈은 그의 자서전 제목처럼 『멈출 수 없는Unhaltbar』 삶을 살아야 한다는 것이다. 그는 언젠가 '축구계의 로빈 후드'가 되고 싶다고 말한 적이 있다. 영국 민담에 등장하는 로빈 후드는 숲 속의 이단아다. 신기에 가까운 활 솜씨로 악당들을 혼내주고 가난한 이웃을 돕는 그의 모습은 그 자체만으로도 매혹적이다. 판넨슈틸과 그의 친구들은 기후변화라는 악당을 물리치기 위해 축구경기장을 종횡무진 누비는 현대판 의적들인지도 모른다. 우리나라에서도 이들의 경기를 볼 수 있는 날이 올까.

〈경향신문〉 2012. 9. 28.

02
CHAPTER

동물을 가두고
구경할 권리?

'푸 만추'. 1968년 미국 오마하 동물원 우리에서 몇 번씩 탈출에 성공해 미국자물쇠공협회의 명예회원 자격까지 얻었던 오랑우탄의 이름이다. 녀석은 직선으로 편 클립을 윗입술 아래에 숨겨 두었다가 인적이 드물어지면 클립을 다시 구부려 자물쇠를 열고 우리를 유유히 빠져나갔다. 푸 만추는 어떻게 제임스 본드처럼 탁월한 탈출 능력을 갖추게 된 것일까. 하버드 대학의 생물학자 마크 하우저는 『야생의 마음』이라는 책에서 영장류 말고도 많은 동물이 대상, 숫자, 공간 등에 대한 지식을 획득할 수 있다고 논증한다. 정도의 차이는 있지만 상당수 동물은 자신의 마음은 물론 타자의 심리 상태까지도 이해할 수 있다는 것이다.

동물에게 좌절, 분노, 공포, 슬픔 등의 감정을 느끼는 자아가 있다는 건 새삼스러운 얘기가 아니다. 자식과의 이별을 눈치채고 눈물을 흘리는 어미 소나 스트레스를 견디다 못해 숨쉬기를 스스로 포기한 돌고래 이야기는 이들이 감정과 분별 능력을 갖춘 존재라는 사실을 말해준다. 바로 여기에 동물원이 예나 지금이나 논란거리가 될 수밖에 없는 이유가 있다. 동물원에서 인간과 동물의 교감은 근원적인 불평등을 전제로 이루어진다. 한쪽은 호기심을 만족하게 하고 재미를 즐기는 자유로운 신분이지만, 다른 한쪽은 야생의 기억을 조련사에게 반납한 채 폐쇄된 무대에 갇힌 피에로에 불과하다.

역사적으로 보면 동물원은 인간의 과시욕, 무지, 공포, 편견이 뒤섞인 장소였다. 세계 최초로 동물원을 만들었다는 고대 이집트의 여성 파라오 하트셉수트는 남자 옷을 입고 의식을 치를 때 수염을 달았다. 그녀는 신권, 왕권, 군사권까지 장악한 자신의 권력을 과시하기 위해 이웃 나라들로부터 하마, 영양, 코끼리, 원숭이, 살쾡이를 데려와 전시했다. 동양에서는 중국의 주나라 문왕이 6㎢에 달하는 넓은 땅에 동물을 몰아넣고 '지혜의 정원'이라는 이름을 붙였다는 기록이 있다.

근대 최초의 동물원은 1752년 오스트리아의 합스부르크 왕조가 빈에 설립한 쇤브룬 동물원이다. 이때부터 파리, 런던, 베

를린, 멜버른, 뉴욕 등 대도시에 동물원이 우후죽순처럼 생겨났다. 식민지에서 약탈해 데려온 야생동물들은 제국의 우월감과 부르주아들의 교양 욕구를 충족시키기 위한 수단이었다. 전쟁은 맹수들이 우리에서 풀려나 사람들을 공격할 수 있다는 공포감을 불러일으켰다. 1940년 독일의 영화감독 하인리히 필은 폭격으로 무너진 동물원에서 거리로 뛰쳐나온 맹수들의 모습을 「패닉Panic」이라는 제목의 영화에 담아냈다. 이 영화에 관한 소식은 나치의 공식 기관지에 실리면서 머나먼 일본에까지 알려졌다. 폭격과 물자부족을 우려한 일본인은 결국 사료에 독약을 넣어 우에노 동물원과 창경원 등에서 맹수류와 대형 동물들을 독살하게 된다.

동물원은 때로 다위니즘 인종주의를 정당화하기 위해 사람을 전시하는 공간이기도 했다. 1903년 새뮤얼 버너라는 미국 선교사는 약간의 옷과 소금을 주는 대가로 콩고 출신 젊은 피그미인 오타 벵가를 미국으로 데려왔다. 세인트루이스 세계박람회와 계약을 맺고 있었던 버너는 벵가를 통해 인간 진화의 '잃어버린 고리'를 보여줄 요량이었다. 박람회가 끝나고 궁핍해진 버너는 벵가를 뉴욕에 있는 자연사 박물관에 넘겼다. 1906년 벵가는 앵무새 한 마리와 '도홍'이라는 이름의 오랑우탄과 함께 뉴욕 브롱크스 동물원의 우리 안에 갇히게 된다. 방문객들은 그를 향해 불붙은 시가와 잡동사니들을 던지곤 했다. 가을이 되었지만 벵가에겐 따뜻한 옷조차 허용되지 않았다. 옷으로 몸을 가리면 '진품'처럼 보이지 않는다는 이유 때문이었다.

세계적으로 동물원 수는 1만 개가 넘는다. 그 속에 수백만 마리의 동물들이 갇혀 있다. 모든 동물원의 우리를 열어 그들을 야생으로 돌아가게 하는 건 옳지도 가능하지도 않다. 하지만 자아가 있는 생명을 폐쇄된 공간에 평생 가둬놓고 구경할 권리가 인간에게 없다는 사실 정도는 인정해야 한다. 우리가 동물들에게 갖춰야 할 최소한의 예의는 그들에게 진심으로 '미안하다'는 신호를 보내는 것이다.

〈경향신문〉 2012. 5. 17.

03
CHAPTER

맹그로브 숲 파괴하는
수입 새우

새우는 한 번에 수십만 개의 알을 낳는다. 그래서 선조들은 새우를 생명력이 넘치는 해산물로 여겼다. 옛날에는 며느리가 시집오면 새우처럼 자손을 많이 낳으라는 뜻에서 새우 알을 먹였다. 장수의 상징이었던 새우는 한방에서 치료제로 쓰이기도 했다. 『본초강목本草綱目』은 새우가 회충을 없애주며 입안이 헐거나 몸이 가려울 때 효험이 있다고 전한다. 새우가 동서양을 막론하고 사랑을 받을 수 있었던 것은 부드럽고 달짝지근한 맛 때문이다. 미식가들은 머리 바로 아래 부위인 새우 골의 맛을 최고로 친다.

우리나라에서 나는 바다새우는 대하, 보리새우, 도화새우, 젓

새우, 돗대기새우, 봉동새우, 꽃새우, 각시새우가 대표적이다. 국산 민물새우로는 새뱅이, 가재, 징거미새우 등이 있다. 하지만 요즘 시중에서 불티나게 팔리는 것은 '흰다리새우' 아니면 동남아시아산 '블랙 타이거 새우'다. 구별이 쉽지 않은 탓에 전자는 '대하'로, 후자는 '보리새우'로 둔갑해 팔리기도 한다. 원산지가 헷갈리는 예도 있다. 국내 새우양식의 90% 이상은 중남미에서 들여온 흰다리새우가 차지한다. 대하보다 바이러스에 강해 생존율이 높기 때문이다.

외국산 새우들은 대체로 값이 싼 편이다. 하지만 생태계의 입장에서는 공공의 적에 가깝다. 미국 오레곤대학 과학자들은 동남아산 양식새우 100g의 탄소발자국이 198kg에 달한다는 연구 결과를 내놨다. 아마존 숲을 벌목해 조성한 농장에서 소를 키워 얻은 쇠고기보다 탄소발자국이 10배나 많은 셈이다. 휘발유로 치면 신형 경차로 서울과 부산을 두 차례나 왕복할 수 있는 양인 90ℓ와 맞먹는다. 탄소발자국은 상품의 생산에서 폐기까지 전 과정에서 배출되는 이산화탄소량을 합산해 나타내는 지표다. 수치가 높을수록 지구온난화에 미치는 영향이 크다.

반추동물인 소는 이산화탄소보다 지구온난화 기여도가 25배나 강력한 메탄가스를 내뿜는다. 이런 점 때문에 기온 상승을 멈추려면 쇠고기 소비를 줄여야 한다는 주장이 제기돼왔다. 미국에서는 4인 가족이 쇠고기 스테이크를 일주일에 한 번만 먹지 않아도 석 달 동안 자가용을 이용하지 않는 것과 같은 효과가 있다는 통계가 발표됐을 정도다. 그렇다면 외국산 양식새우가 쇠고기보다 탄소발자국이 10배나 크다는 연구 결과가 나온 것은 왜일까.

새우양식장을 만들면서 맹그로브 숲이 사라져가고 있기 때문이다. 맹그로브 숲은 강물과 바닷물이 만나는 강어귀에 쌓인 미세한 흙과 모래 위에서 발달한다. 뿌리와 줄기는 소금물에 잘 견디는 조직과 침수에 몸을 잘 지탱하고 호흡을 위해 서로 얽힌 공기뿌리를 갖고 있다. 맹그로브 숲은 물고기와 새들을 포함해 수많은 동물이 살아가는 터전이다. 집채만 한 해일의 파괴력을 누그러뜨리고 육지의 영양분이 바다로 쓸려 내려가는 것을 막아주기도 한다. 하지만 맹그로브 숲의 진정한 가치는 어떤 생태계보다 뛰어난 탄소저장 능력에 있다. 오레곤대학 과학자들은 맹그로브 숲 1만㎡를 없애고 새우양식장을 만들었을 때 방출되는 이산화탄소가 평균 1,472t에 달할 것으로 추정했다. 양식장에서 해마다 생산되는 새우는 모두 합해 최대 0.5t에 불과하다.

맹그로브와 해조류 숲, 염습지 등은 지구에서 가장 빠른 속도로 사라지는 생태계에 속한다. 연평균 2.7%씩 파괴되고 있어 그 속도가 열대우림보다 4배나 빠르다. 특히 맹그로브 숲은 지난 반세기 동안 양식장 조성, 땔감 채취, 연안 개발 탓에 30%가량 사라졌다. 지금 같은 속도라면 100년 뒤에는 지구 위에서 자취를 완전히 감추게 될지도 모른다.

동남아 새우양식장들은 보통 다섯 해가 지나면 쓸모가 없어진다. 바닥에 진흙이 쌓이고 독성이 강한 황산화물이 생성되면서 양식이 더는 불가능한 상태가 되기 때문이다. 맹그로브 숲은 열대지방에서만 자라기 때문에 우리와는 무관한 일로 볼 수도 있다. 하지만 식탁에 블랙 타이거 새우가 오르는 순간 우리는 맹그로브 숲을 파괴하는 공범이 되고 만다. 새우를 먹더라도 어떤 종을 선택할 것인지는 순전히 자연의 가치를 공감할 수 있는 우리들의 능력에 달렸다.

〈경향신문〉 2012. 5. 3.

04
CHAPTER

세상의 지배자는
인간 아닌 풀과 나무

나무는 옛 신화의 단골손님이다. 고대 유럽 스칸디나비아의 『시詩 에다Poetic Edda』에는 거대한 물푸레나무 위그드라실이 등장한다. 북유럽인들은 이 나무의 가지와 뿌리가 세상을 하늘과 지하세계로 연결한다고 믿었다. 그래서 붙인 이름이 '세계수世界樹'다. 시베리아 샤머니즘에서도 나무는 샤먼과 초월적 세계의 대화를 돕는 신성한 존재로 숭배되고 있다. 신라의 금관을 장식하고 있는 자작나무 형상은 북방 유목민들의 샤머니즘이 투영된 흔적으로 읽힌다.

알타이족에게 자작나무는 성스러운 나무였다. 개마고원 사람들은 시신을 자작나무 껍질로 싸서 땅속에 파묻었다. 북미의 인디언 부족 믹맥Mi'kmaq은 지금도 이와 비슷한 풍속을 갖고 있다. 자작나무 껍질은 기름기가 많아 불이 잘 붙는다. 그래서 양초가 없던 옛날에는 결혼식을 올릴 때 자작나무 껍질로 만든 초에 화촉을 밝혔다. 자작나무 껍질은 좀이 슬거나 곰팡이가 피지 않는 것으로도 유명하다. 고대에는 잘 썩지 않는 성질을 이용해 그림이나 글씨를 새겨 후세에 남겼다. 신라 고분에서 발견된 천마도 장니障泥도 자작나무 껍질에 그린 것이다. 자작나무는 약재로도 요긴하게 쓰인다. 선조는 곡우穀雨 때 채취한 자작나무 수액을 마시면 무병장수한다고 믿었다.

추운 지방의 자작나무와 어깨를 견줄 정도로 유명한 아열대 나무로는 유칼립투스와 모링가가 있다. 호주가 원산지인 유칼립투스는 세계에서 가장 높이 자라는 나무다. 잎은 항균 작용이 강해 호흡기 질환과 열병은 물론 결핵 치료에도 사용된다. 호주 원주민들은 심한 상처 주위를 이 나무의 잎으로 동여맸다. 유칼립투스는 말라리아 퇴치 목적으로 저지대나 늪에 심기도 한다. 워낙 많은 물을 빨아들여 모기 유충이 살아남을 수 없을 만큼 주변 땅이 금세 마르기 때문이다.

1년에 3m 이상 자라는 유칼립투스는 특히 가난한 나라 주민이 선호하는 경제 수목이다. 하지만 자생종들을 몰아내는 침입종으로도 악명이 높다. 이런 우려 때문에 복사용지를 생산하는 태국의 한 기업은 묘목을 논두렁에 심는 조건으로 농민들과 계약을 맺는다. 논 주변은 물도 넉넉할 뿐만 아니라 생태계 파괴 염려도 적어서다. 농민들은 어린 묘목을 우리 돈으로 그루당 600원에 사들여 심은 후 3년이 지나면 6,000원에 되판다. 태국 기후와 토질에 맞게 개량한 품종이어서 농약을 치거나 비료를 줄 필요가 없다. 자연을 건드리지 않으면서도 농민들은 연간 3배 이상의 수익을 올린다. 유칼립투스는 지속 가능한 경영을 추구하는 기업의 '효자 나무'인 셈이다.

모링가는 아프리카와 아시아에서 '생명의 나무' 또는 '기적의 나무'로 불린다. 잎사귀를 날로 먹거나 나물처럼 볶아 먹을 수 있어 버릴 것이 하나도 없는 나무로 유명하다. 잎 100g에는 비타민A가 당근의 3.5배, 비타민C는 오렌지의 7.3배, 칼슘이 우유의 3.6배, 단백질은 콩의 2배가량 함유돼 있다. 모링가는 아프리카 전통의학에서 써왔던 만병통치약이기도 하다. 모링가 열매는 아프리카의 몇몇 도시에서 수질정화제로 주목을 받고 있다. 박테리아나 바이러스를 흡착해 바닥으로 가라앉기 때문이다. 스위스에서 이루어진 연구에 따르면 모링가 열매를 갈아 만든 분말 0.2g은 오염된 물 약 1ℓ를 깨끗하게 만들 수 있다.

안도현 시인은 「자작나무의 입장을 옹호하는 노래」라는 시에서 "저 도시를 활보하는 인간들을 뽑아내고 거기에다 자작나무를 걸어가게 한다면 자작나무의 눈을 닮고, 자작나무의 귀를 닮은 아이를 낳으리"라고 썼다. 나무들을 하찮게 여기는 사람들이 오죽 답답했으면 이런 시구가 나왔을까 싶다. 시인은 "자작나무를 베어내고 거기에다가 인간을 한 그루씩 옮겨 심는다면 지구가, 푸른 지구가 온통 공동묘지 되고 말겠지"라고 노래한다.

세상에서 가장 큰 착각은 식물이 동물보다 열등하다는 믿음이다. 바다보다 거친 육지의 삶에 뿌리를 먼저 내린 것은 식물이었다. 식물은 동물이 잠시도 살 수 없는 극한 생태계에서도 번성할 수 있다. 이 세상을 다스리는 진정한 지배자는 우리 인간이 아니라 풀과 나무라는 사실을 잊지 말아야 한다.

<경향신문> 2012. 3. 8.

05
CHAPTER

온난화,
새와 나비의 운명

새와 나비는 빠르게 난다. 하지만 지구온난화 속도를 쫓아가지는 못한다. 기온이 올라가면서 서식지가 북상하는 속도가 그들의 이동 속도보다 빠르기 때문이다. 이 같은 사실은 1990년부터 2008년까지 유럽대륙 1만 1,620개 지역에서 150만 번에 달하는 채집과 관찰을 통해 밝혀졌다.

놀라운 것은 나비와 새들이 보인 이동 거리의 격차다. 19년 동안 오른 기온을 고려하면 새와 나비의 최적 서식지는 249km 북상한 것으로 추정된다. 반면 나비는 북쪽으로 평균 114km만 이동해 최적 서식지와 130km 떨어져 버렸다. 새의 상황은 더 심각하다. 1993년부터 2012년까지 새가 북상한 거리는 37km로, 최적 서식지로부터 212km나 멀어졌다.

조사 결과가 주는 의미는 2가지다. 기온이 오르면 동식물의 種種 구성이 바뀐다는 것이다. 북방계 종은 줄고 남방계 종이 늘어난다. 하지만 이 같은 변화도 온난화의 빠른 속도를 따라잡기에는 역부족이다. 새와 나비가 최적 조건을 갖춘 환경에서 살려면 천적의 눈을 피해 더 빨리 북쪽으로 이동해야 한다.

나비와 새의 북상 속도 차이는 더 큰 문제다. 일부 새는 나비의 애벌레를 먹고 산다. 그런데 나비와 새의 북상 속도가 달라 새는 굶주릴 수밖에 없는 상황이 된다. 나비가 새보다 북상 속도가 더 빠른 것은 나비의 수명이 더 짧기 때문이다. 오래 사는 종일수록 적응 능력은 떨어지게 마련이다. 게다가 새들은 과거의 산란지로 돌아오는 습성 탓에 나비보다 유연성이 떨어진다.

그렇다면 먹이가 충분한 상태로 서식지를 이동하지 않고 살면 문제가 없을까. 이 경우 '시간표'를 새로 짜는 것이 필수다. 영국 박새는 47년 전보다 산란기를 2주나 앞당겼다. 온난화로 봄이 빨라져 먹이인 나방 유충의 출현 시기도 빨라졌기 때문이다. 박새는 알에서 깬 후 열흘 남짓 나방의 유충을 포식한다. 유충이 나타나는 기간이 매우 짧으므로 박새들에게 산란기를 맞추는 것은 생존의 문제다.

시간표 변경에 서툰 박새들은 경쟁에서 뒤지고 있다. 네덜란드 박새는 산란기를 나방의 유충이 등장하는 시기에 맞추지 못

했다. 산란기와 먹잇감이 풍부한 시기의 엇박자가 가져올 결과
는 뻔했다. 성장이 더뎌지고 번식에 실패할 확률이 높아져 개체
수가 줄어든다.

기후변화가 누구에게나 가혹한 것은 아니다. 드물지만 예기치
않은 선물을 가져다주기도 한다. 행운의 주인공은 새끼에게 줄
한 끼 식사를 위해 날갯짓 한 번 없이 수백㎞를 활공하면서 대
양을 횡단한다는 앨버트로스다. 보들레르가 『악의 꽃』에 실은
같은 이름의 시 「앨버트로스L'Albatros」에서 현실에서 낙오되고
비웃음당하는 자신의 처지를 빗댄 바로 그 새다.

최근 프랑스와 독일의 연구팀은 남인도양 크로젯 군도에 사는
앨버트로스들의 비행 속도가 과거보다 빨라졌다는 사실을 알아
냈다. 기후변화로 남반구에서 부는 편서풍에 가속도가 붙었기
때문이다. 빨리 날 수 있다는 건 먹이를 구하는 시간이 줄고 그
만큼 일찍 둥지로 돌아올 수 있다는 것을 뜻한다. 둥지에서 보
내는 시간이 늘면 번식에 성공할 확률도 높다. 연구팀을 놀라게
했던 것은 그들의 몸무게가 지난 40년 동안 1㎏ 이상 늘었다는
점이다. 몸이 무거워질수록 폭풍이나 폭우처럼 변덕스러운 날씨
에 견디기 쉬워진다.

생물 종들은 수천 년에 걸쳐 환경 변화에 적응해왔다. 자연
이 부리는 변덕보다 반응속도가 빨랐던 덕분이다. 하지만 지금

은 급격한 기온상승으로 빠른 변화를 강요당하고 있다. 이런 속도라면 얼마나 살아남을지 알 수 없다. 한때 이점을 누리는 행운아도 있겠지만 아마도 많은 종이 사라질 것이다. 봄을 알리는 전령사들이 자취를 감춘 땅에서 봄은 언제 올지 모르는 그리움으로만 남게 될지도 모른다. 먹그림나비, 상제나비, 종다리, 굴뚝새, 휘파람새……. 기억 속에 이 이름들을 새겨두자. 그들이 마지막 작별인사를 고하기 전에.

〈경향신문〉 2012. 2. 3.

06
CHAPTER

탐욕이 만든
'물고기 잔혹사'

세상에서 제일 작다는 티스푼 수족관이 러시아에서 공개돼 화제가 된 적이 있다. 높이가 2.4㎝에 불과한 이 수족관은 찻숟가락으로 두 번 정도 물을 부으면 가득 찰 만큼 작다. 작아도 있을 것은 다 있다. 내부에는 돌, 수초, 여과기까지 설치돼 있다. 열대어인 제브라피시도 5마리나 산다. 몇 년 전부터 우리나라에서도 손바닥만 한 미니수족관이 불티나게 팔리고 있다. USB 단자로 컴퓨터에 연결하면 산소공급기, 온도조절기, 조명장치 등이 작동돼 사무실 또는 자신의 방 책상 위에서도 물고기를 키울 수 있다.

작은 수족관들이 인기를 끄는 것은 '책상 위의 자연'을 원하는 사람들이 많기 때문이다. 메마른 도시에서 사람들은 작은 어항 속을 분주히 오가는 물고기들로부터 생활의 활력소를 얻을지 모른다. 하지만 이 같은 환경이 물고기들에게는 가혹한 스트레스의 장이다. 좁은 공간에서 사는 물고기들일수록 공격적인 성향을 보인다는 연구 결과도 있다. 미국 케이스웨스턴리저브대학의 로널드 올드필드 박사가 「응용동물복지과학저널」에 발표한 논문을 보면 열대어 마이다스 시클리드의 경우 수조의 크기가 작아질수록 공격적 행동이 늘어났다.

하지만 초소형 수족관 속 물고기들이 겪는 스트레스는 지구온난화에 비하면 그나마 견딜 만한 것인지도 모른다. 유럽의 바다와 강에 사는 물고기들의 몸집이 계속 작아지고 있다. 어떤 종은 지난 수십 년 동안 몸무게가 절반으로 줄었다. 박테리아와 플랑크톤도 무게가 줄고 있다. 개체수도 감소하고 있다. 북해와 유럽의 하천에서 물고기 개체수는 평균 60% 정도 줄었다. 물고기의 몸집이 작아지면서 알을 적게 낳아 개체수가 점점 줄어들었을 가능성이 크다. 포식자가 먹잇감을 잃어 먹이사슬이 붕괴할 것이란 우려가 나오는 것도 무리가 아니다.

지구온난화로 바다 수온이 오르면서 물고기의 성비까지 바꾼다는 연구결과도 나왔다. 전 세계에는 수온에 따라 성비가 달라지는 물고기가 약 40종 있다. 이들 물고기는 수온이 올라가면 수컷의 성비가 높아진다. 2008년 이 같은 내용이 담긴 논문을 발표한 스페인 바르셀로나 해양과학연구소 연구진은 수온이 4℃ 상승하면 대서양 실버사이드류 새끼의 98%가 수컷이 된다고 분석했다.

수온에 따라 성비가 달라지는 이유가 무엇일까. 최근 유럽 농어를 대상으로 한 연구에서 베일 일부가 벗겨졌다. 비밀은 'DNA 메틸화' 방식의 후생유전後生遺傳에 있을 가능성이 높다. 후생유전은 DNA 염기서열이 같은데도 유전자 기능에 변화가 나타난다. 이 변화가 어버이로부터 자손에게 전해지는 현상이다. 최근 밝혀진 것은 수온이 올라가면 'DNA 메틸화'가 활성화돼 남성호르몬인 안드로젠을 여성호르몬 에스트로젠으로 전환하는 효소인 아로마타아제가 억제된다는 사실이다. 결국 성비가 깨져 주로 수컷만 남게 되고 종족 번식 실패로 멸종할 가능성이 높아진다.

그런데 지구온난화보다 더한 물고기 잔혹사가 있다. 인간의 탐욕적인 식생활 유지를 위한 대규모 양식이 바로 그것이다. 세계의 양식장들은 거대한 공장의 조립라인처럼 쉴 새 없이 물고기들을 '찍어낸다'. 바다를 헤엄쳐야 할 물고기들이 갇힌 채 항생제와 다른 생선으로 만든 사료를 먹는다. 살이 찌면 양식의 다음 단계로 넘겨진다. 알에서 깨어나자마자 팔려나가야 하는 운명의 물고기들도 있다. 그들에게는 바다를 헤엄치거나 먹이를 사냥한다는 것은 태어나 죽을 때까지 꿈꿀 수조차 없는 호사일 뿐이다.

양식업은 식량 관련 업종 가운데 가장 빠른 속도로 성장했다. 1950년에 100만t에 채 미치지 못하던 세계 양식 생산량은 60년 만에 55배가량 증가했다. 책 『포 피시Four Fish』를 통해 "우리 아이들은 바다에서 자유롭게 헤엄치던 자연산 물고기를 결코 먹을 수 없을 것이다"라던 폴 그린버그의 예언은 이미 현실이 됐다. 양식업을 멈출 수는 없겠지만 물고기 잔혹사를 그만두지 않으면 다음 차례는 우리 인간이 될지도 모른다.

〈경향신문〉 2012. 1. 10.

07
CHAPTER

은어들의 시위
"더러워서 간다"

6·2 지방선거를 앞두고 한강 복원 논의가 탄력을 받고 있다. 서울시장 선거에 나선 야당 후보들은 대체로 필요성과 취지에 공감한 상태다. 따라서 선거 결과에 따라 한강 복원 구상이 생각보다 빨리 가시권에 들어올 수도 있을 것으로 보인다.

한강을 복원한다는 것은 '한강이 지녔던 생태성과 역사 문화성을 가능한 한 원래 상태로 되돌린다는 것'을 뜻한다. 모든 생태계 복원에는 그것을 통해 도달하고자 하는 청사진이 필요하다. 이 청사진은 불가피하게 과거 한강이 지니고 있었던 모습으로부터 재구성된다. 과거의 상태를 유추할 수 있는 사진, 그림, 기록 등이 중요한 것은 바로 이 때문이다.

하지만 청사진 마련보다 더 우선되어야 할 일이 있다. 그것은 지금 한강이 처해 있는 상태를 객관적으로 파악하는 일이다. 한강은 지금의 모습대로 그대로 두어도 좋은가? 한강이 일부 구간에서 심각한 질병을 앓고 있다면, 그 원인은 무엇이고 처방전에는 어떤 내용이 담겨야 하나?

"한강이 살아나고 있다." 한강 생태계 조사연구 결과가 발표될 때마다 언론이 대서특필하는 이야기다. 한강종합개발사업 구간에서 물고기 종수가 늘어나고 있다는 점이 그 근거다. 하지만 한강은 과연 살아나고 있는 것일까?

강이 건강한 상태에 있느냐의 여부는 수질과 서식 생물 종의 상태로 평가해볼 수 있다. 먼저 수질을 살펴보자. 서울 시민들은 믿고 싶지 않겠지만 한강종합개발사업 구간의 수질은 낙동강보다 나쁜 수준이다. 갈수기에는 4등급에서 5등급까지 떨어진다. 이건 주관적인 판단에서 나온 것이 아니다. 국립환경과학원이 운영하는 수질자동측정망 자료를 분석하면 확인할 수 있는 내용이다. 녹조가 대량 번식할 수 있는 부영양화富營養化 기준으로 보더라도 한강종합개발사업 구간은 1년에 최소 8개월 이상은 부영양화에 시달리고 있다. 이 점은 서울시의 한강 생태계 조사연구 보고서도 인정하는 사실이다.

부영양화가 발생하는 것은 보 설치로 물 흐름이 크게 정체되면서 인과 질소와 같은 영양염류가 바다로 빠져나가지 못하기 때문이다. 부영양화가 지속되면서 녹조류와 함께 남조류도 증가하고 있다. 일부 남조류는 간을 손상하거나 신경을 마비시키는 독성물질을 갖고 있어 정수 과정에서 완벽하게 제거되지 않으면 사람의 건강에 심각한 해를 입힌다.

문제는 천문학적인 돈을 투입하고도 수질이 좀처럼 나아지지 않고 있다는 사실에 있다. 한강종합개발사업 과정에서는 274.6km에 이르는 분류하수관로를 설치해 서울 시내 하수도에서 흘러나오는 오수를 모아 하수처리장에서 처리할 수 있게 했다. 하수처리시설 건설에만 5,427억 원, 지금 화폐가치로 2조 원 이상이 들어갔으니 이 사업으로 수질이 좋아질 것이라는 기대는 당연한 것이었다.

하지만 지금 한강이 처한 현실은 정반대다. 하수처리 효과는 모래를 남김없이 퍼내고 보 설치로 물 흐름을 차단하면서 사라지고 말았다. 강이 지니는 가장 기본적인 기능은 자정작용이다. 오랜 기간 강바닥에 쌓인 모래와 자갈은 오염물질을 붙잡아 물을 깨끗하게 해주는 하수처리장 역할을 한다. 강변 여과와 같은 간접취수의 원리도 모래와 자갈이 가진 오염물질 흡착기능을 활용하는 것이다. 결국 한강종합개발사업은 인공 하수처리장을 건설하면서 동시에 자연적인 하수처리장을 파괴하는 사업이었다. 이 사업은 강의 자정작용을 훼손하면 어떤 수질개선 노력도 헛수고라는 사실을 입증한 대표적인 사례로 기억되어야 한다.

한강종합개발사업으로 깊게 팬 상처는 아직 아물지 않고 있다. 이는 한강에 사는 동식물들의 이름만 봐도 확인된다. "한강이 살아나고 있다"고 말하는 사람들은 한강에서 서식하는 종수가 늘어났고 황쏘가리나 은어처럼 오래전 한강에서 사라졌던 종들이 발견되고 있다는 점을 근거로 내세운다. 하지만 종수가 늘어났다는 것만으로는 실제로 한강이 살아나고 있는지는 정확히 알 수 없다. 조사지역의 범위, 위치, 조사지점의 수, 조사방법 등에 따라 종수는 천양지차로 나타난다. 어종이 제법 풍부한 수역에 조사가 집중되거나 저인망과 족대 등 다양한 채집 방법을 사용할 경우, 관찰되는 종수도 급격하게 늘어난다. 서울시의 한강 생태계 조사연구는 연도별로 조사지점의 위치와 수가 다르고 채집 방법에서도 차이가 작지 않다. 따라서 연도별로 관찰된 종수를 비교하는 것은 큰 의미가 없다고 보는 것이 옳다.

종수가 늘어났다 하더라도 어떤 종들이 늘어났는지 꼼꼼하게 살펴야 한다. 종수의 증가가 외래종의 유입에 따른 것이라면 오히려 서식환경이 악화되었다는 결론을 내리는 것이 합리적이다. 최근 한강 본류와 지류에서 잡히는 물고기들 가운데 한반도 고유종은 각시붕어, 줄납자루, 가시납지리, 경모치, 참갈겨니, 얼룩동사리 등 불과 10종에 불과하다. 수심이 얕고 유속이 빠르며 바닥에 돌과 자갈이 다양하게 분포하는 여울이 한강종합개발로 사라졌기 때문이다. 외래종은 비단잉어, 이스라엘잉어, 금붕어, 중국붕어, 떡붕어, 블루길, 배스 등 모두 7종이 관찰된다. 1958년에 조사된 어종 가운데 1987년 이후 발견되지 않는 어종도 부지기수다. 싱어, 묵납자루, 쉬리, 줄물개, 배가사리, 꾸구리, 버들치, 갈겨니, 종개, 가리, 붕뱅어, 드렁허리, 둑중개, 버들붕어 등은 여전히 자취를 감춘 상태다.

그렇다면 황쏘가리나 은어가 돌아왔다는 언론 보도는 어떻게 해석해야 할까? 이들이 한강에 돌아온 것이 사실이라면 한강이 살아나고 있다고 해도 좋을 것이다. 하지만 기록을 보면 2008년 7월 24일 국립수산과학원 중부내수면연구소는 황쏘가리 1만 마리를 청평댐 하류에서 방류한 것으로 확인된다. 2005년 5월 23일 자 서울시 「하이 서울뉴스」는 그해에만 20만 마리의 은어 치어를 방류했다고 밝히고 있다. 서울시는 2000년부터 매년 은어 치어 방류 행사를 개최했다. 그런데 한강종합개발사업 구간에서 관찰되었다는 황쏘가리와 은어는 불과 한두 마리에 불과하다. 그렇다면 방류했던 치어 수십만 마리는 도대체 어디로 사라진 것일까? 황쏘가리나 은어가 한강으로 돌아왔다는 환호를 보며, 생태계의 법칙에 대한 얕은 이해와 현실과 희망사항을 구별 못하는 과학포퓰리즘의 그림자를 느끼게 된다.

잠실보와 신곡보를 없애고 콘크리트를 뜯어내 수변을 복원한다면 한강의 생태계는 시간이 흐르면서 최소한 한강종합개발사업 이전의 수준으로 회복될 것이다. 현재 뱀장어와 참게처럼 유영 능력과 강을 거슬러 올라가는 힘이 좋은 종들을 제외하면, 회유성回遊性 어종(큰 무리를 지어 주기적으로 이동하면서 사는 물고기)들은 어도魚道가 설치되어 있음에도 대부분 잠실수중보를 넘지 못하고 있다. 하지만 보가 철거되면 이들의 서식범위는 팔당댐 하류까지 확장될 가능성이 크다.

수위가 낮아지고 물 흐름이 좋아지면 당정미사 구간, 잠실 구간, 한강대교 구간, 난지도 구간 등에서 모래가 쌓여 밤섬이 확장되고 당정섬 등도 다시 생성될 것이다. 밤섬과 미사리 사구에서 상대적으로 많은 생물이 살고 있다는 점을 고려하면, 섬이 형성되면서 고유종들의 수도 늘어나게 될 것이다.

반면, 물 흐름이 빠르고 얕은 여울과 수심이 깊은 소가 형성되면서 누치, 살치, 가시납지리, 납지리, 끄리 등 호소성 어종의 수는 줄어들 것으로 예상된다. 대신 은어와 쉬리 등 맑은 강을 선호하는 어종의 수는 증가할 가능성이 크다. 재첩은 한강대교 부근까지 서식밀도가 증가하고 밤섬 주변에서만 발견되고 있는 말조개도 서식영역을 대폭 확장하게 될 것이다. 이와 함께 얕은 물이나 수변 식물들로부터 먹이를 취하는 새들의 수도 늘어나 개체수가 한강종합개발사업 이전 수준으로 회복될 것으로 기대된다.

한강을 복원한다면 그 목표는 '은어가 사는 한강'으로 정하면 어떨까. 옛날에는 서식했지만 지금은 사라진 대표적인 물고기의 복원은 한강 복원의 필요성과 효과를 내걸고 시민들의 동의를 구하기 위해서라도 필요하다. 한강을 대표하는 어종이 돌아와 다시 서식하기 시작한다는 것은 한강의 생태적 건강성이 대폭 개선되어야 가능한 일이다. 독일 라인 강의 복원이 '연어 2020'이라는 이름으로 추진되고 있다는 사실을 눈여겨볼 필요가 있다.

〈오마이뉴스〉 2010. 5. 27.

08
CHAPTER

우리는 고래의
친구인가

칠레 작가 루이스 세풀베다Luis Sepulveda의 작품은 남미식 유머와 깊이 있는 생태의식으로 유명하다. 그가 쓴 소설을 읽다 보면 문학계에 위장 취업한 환경운동가라는 생각이 들 정도다. 대표작『연애 소설 읽는 노인』은 지은이가 아마존 원시림과 에콰도르 서부 안데스 지역 원주민인 슈와르Shuar족의 문화를 지키기 위해 고통스럽게 다듬어낸 '방패'로 읽힌다.『갈매기에게 나는 법을 가르쳐준 고양이』는 그린피스 배에 승선해 활동하면서 쓴 우화소설이다. 새끼 갈매기의 엄마가 된 고양이의 여정을 통해 인간과 자연의 관계 회복이라는 주제의식을 담았다.

『지구 끝의 사람들』은 일본 포경선 침몰 사건의 미스터리를 다룬 소설이다. 이 소설에는 『모비딕』을 읽고 포경선을 타는 파타고니아 지방의 한 소년이 등장한다. 이 소년은 작가의 분신이자 소설의 화자다. 하지만 이 소설의 진짜 주인공은 소년의 눈에 투영된 범고래들이었다. 선장과 수부水夫가 고래 살육현장을 처음 발견했을 때 고래들은 몸에 박힌 작살 주위로 붉은 피를 분수처럼 뿜어내고 있었다. 분노한 늙은 수부가 보트를 내려 포경선과 맞서자 포경선은 그를 바다에 수장시키려는 듯 무자비하게 공격하기 시작했다. 고래들이 돌변한 건 그때였다. 고래들은 늙은 수부의 나뭇잎 같은 보트를 해안으로 밀어내고 머리를 돌려 포경선을 향해 돌진했다. 수천 마리의 고래가 포경선을 들이받으며 죽어갔다. 포경선이 침몰할 때까지.

이 소설에서 고래들은 인간보다 감성적이며 지혜로운 바다의 진정한 무정부주의자로 묘사된다. 자신들과 교감을 나누던 인간이 위협을 당하자 고래들이 온몸을 던져 포경선을 공격하는 장엄한 장면은 문학이 그려낸 허구로 보아 넘길 수도 있을 것이다. 그런데 우리는 몇 년 전 우리나라 서해의 모래갯벌에서 세풀베다가 그렸던 고래들의 귀환을 보게 된다.

2008년 9월 6일 오전 충남 보령시 웅천읍 소황리 장안해수욕장 백사장에서의 일이다. 북서태평양의 깊은 바다에 산다는 들쇠고래 3마리가 떠밀려와 모래톱에 갇혔다. 이들을 구하기 위해

마을 주민과 해양경찰, 119 구조대 등이 출동해 7시간이 넘게 구조 활동을 벌였다. 하지만 3마리를 모두 살릴 수는 없었다. 어린 새끼는 너무 오래 바다를 떠난 탓에 탈수를 동반한 피부 건조로 숨졌다. 구조된 어미 2마리는 새끼의 주검을 뒤로한 채 바다로 돌아가야 했다.

이들을 지켜본 사람들의 말에 따르면, 어미 고래들은 자기들만 살려고 했다면 언제든지 바다로 돌아갈 수 있었다. 하지만 그들은 그렇게 하지 않았다. 새끼를 구해내려고 몸부림치다 자신들마저 모래갯벌에 묻힌 것이다. 죽어가는 새끼를 남겨두고 바다로 돌아갈 수 없었던 어미의 마음이 보는 이들의 가슴을 적셨다고 한다.

남극해에서 목격된 또 다른 장면 하나. 작은 배 한 척이 큰 배 두 척 사이로 들어가 비틀거리며 옆구리를 들이받는다. 큰 배들은 물대포를 쏘고 섬광탄을 터뜨리며 작은 배를 공격한다. 양쪽의 큰 배는 일본의 포경선과 급유선이고, 작은 배는 직접행동 전략을 구사하는 것으로 유명한 바다보호단체 '씨 셰퍼드 Sea Shepherd 소속의 환경감시선이다. 국제사회는 상업포경을 금지하고 있지만 일본은 과학연구를 빙자해 해마다 1,000마리가량의 고래를 잡고 있다. 실제로는 고래고기 조달이 목적이다. 2013년 결국 일본은 사상 최초로 유엔국제사법재판소의 피고석에 앉게 됐다.

그렇다면 우리는 어떤가? 2012년 7월 우리나라도 일본처럼 고래 개체수 파악 등을 위해 고래잡이를 재개하겠다고 선언했다가 국제사회의 집중포화를 맞고 12일 만에 철회했다. 우리나라 수석대표였던 강준석 당시 농림수산식품부 원양협력관은 "포경을 금지한 지난 26년간 전통적으로 고래고기를 식용으로 써온 주민들이 고통을 받아왔다"고 말했다. 하지만 이는 사실을 왜곡하는 발언이다. 알래스카나 세인트 빈센트 그레나딘 원주민들과는 달리 우리에게 고래는 일상적인 음식이 아니다. 일부 지자체들이 고래고기 맛 자랑 프로그램을 여는 등 고래고기 시장 확대에 열을 올리고 있지만, 그건 고래고기가 '살기 위해' 먹는 음식이 아니라 일부가 탐닉하는 식도락의 대상에 불과하다는 사실을 역설적으로 보여주는 것이다. 과연 우리는 고래들의 친구인가, 적인가?

〈주간경향〉 2008. 10. 7.

09
CHAPTER

당신의 혈액은
안녕하십니까?

"몰리 클레멘트의 혈액은 35가지 이상의 화학물질이 섞여 있는 칵테일과 다름없었다." 2005년 11월 19일 영국의 일간신문 「데일리 메일」은 한 가족의 혈액검사 결과를 기사로 내보냈다. 104가지에 이르는 화학물질의 인체 침투 여부를 검사한 결과, 몰리 가족의 혈액은 모두 화학물질로 오염되어 있음이 드러난 것이다. 몸에서 검출된 화학물질은 모두 75가지. 그 가운데는 생식기 장애를 부르는 프탈레이트와 발암물질로 알려진 과불화화합물, 그리고 간암 유발인자인 PCB 등이 섞여 있었다.

그렇다면 몰리 가족의 이야기는 우리와는 무관한 것일까. 부엌에 있는 프라이팬이 모두 음식 재료가 눋지 않도록 테플론 코

팅으로 처리되어 있다고 가정해보자. 내분비계 장애물질인 환경호르몬 퍼플루오로 옥탄산염이 프라이팬의 가열 과정에서 녹아나올 가능성이 크다. 물을 튕겨내는 기능성 옷을 자주 입는다면 문제는 더 심각하다. 방수 의류는 과불화화합물을 함유하고있을 확률이 100%에 가깝기 때문이다. 최근 국제 환경단체 그린피스는 20개에 달하는 세계 유명 의류브랜드의 제품에서 환경호르몬이 검출됐다고 발표했다. 호르몬장애를 일으키고 암을유발할 수 있는 노닐페놀과 프탈레이트 등은 청바지, 정장바지, 티셔츠, 드레스, 속옷 등 의류의 종류는 물론이고 소비계층이나섬유 소재에 관계없이 대부분 검출됐다.

따라서 옷도 잘 선택해 입지 않으면 화학물질의 칵테일을 걸치는 꼴이 되기 십상이다. 합성섬유로 만든 옷보다 천연소재인면이 건강에 좋을 것이라는 생각에 면 옷을 찾는 사람들이 많다. 아크릴이나 나일론, 폴리에스터와 같은 화학섬유 옷감들은보통 포름알데히드로 마감한다. 따라서 그런 옷감으로 만든 옷을 입으면 체열 덕분에 증기로 변한 포름알데히드를 흡입할 가능성이 높다.

하지만 무조건 면 옷을 선택하면 되는 걸까? 면화를 어떻게재배하느냐에 따라 면은 화학섬유보다 더 유독할 수도 있다. '에코 숍Eco Shoppe' 공동 설립자인 그레그 혼Greg Horn이 쓴 책『리

빙 그린Living Green』을 보면, 면의 원재료인 면화 재배 면적은 세계 경작지의 3%에 불과하다. 하지만 면화에 투입되는 살충제 량은 전 세계적으로 사용되는 살충제의 4분의 1이나 된다. 더구나 미국환경보호청EPA은 면화 재배에 사용하는 농약 10종 가운데 9종을 1급 화학물질로 분류하고 있다. 유기농으로 재배된 면 의류를 고르지 않는다면, 우리들의 혈액 속에서 독성 농약 성분이 검출될 가능성이 큰 것이다.

이번엔 세탁소에 맡기는 드라이클리닝으로 눈을 돌려보자. 보통 세탁소들은 맡긴 옷을 다시 전문 드라이클리닝 업체에 맡겨 처리하는 중간상들이다. 유기용제 중독 노동자들의 건강피해보험을 다루는 제니스 보험사에 따르면, 과거 드라이클리닝 공장에서는 카본테트라클로라이드, 트리클로로에틸렌 등 두통, 피부염, 인후염, 비염, 간이나 신장 또는 중추신경계 질환을 부르는 화학물질들이 함유된 용제를 사용했다.

최근에는 그보다 독성이 덜한 과염소산염 에틸렌으로 대체되는 추세지만 독성이 있긴 마찬가지다. 따라서 옷장에 드라이클리닝한 옷들을 그대로 걸어둔다면 옷장을 화학물질의 창고로 만드는 셈이 된다. 만일 비닐 커버를 벗기자마자 그 옷을 입고 나선다면? 옷을 입는 것과 동시에 혈관 속으로 화학물질을 주입하는 꼴이 될 수도 있다.

지구상에서 사람들의 건강을 해칠 가능성이 있는 화학물질은 대략 8만 가지다. 매년 2,000개 이상의 신종 화학물질이 목록에 추가되고 있다. 화학물질로 뒤범벅된 일상을 살아가는 우리는 몸에 닿는 것과 입에 넣는 것에 주의를 기울여야 한다. 특히 아동용 의류는 세심한 감시와 규제가 필요하다. 아이가 옷이나 옷을 만진 손을 입에 넣는 등 유해물질의 체내 유입 가능성이 상대적으로 크기 때문이다. 우리들의 혈액 속에 초대하지 않은 불청객들이 점점 더 늘어난다면, 어느 날 우리는 전혀 예기치 않았던 '침묵의 봄'을 맞게 될지 모른다.

〈주간경향〉 2008. 9. 30.

10
CHAPTER

아내의 여행과
'자연주의 청소'

아내는 나흘간 집을 비우며 나와 아이들을 걱정했다. "냉장고에 밑반찬과 국, 찌개거리를 넣어두었어요, 빨래는……" 하는 말을 다 들으면 아내가 늦을 듯해서 중간에 말을 잘랐다.

"당신이 사나흘 집 비운다고 큰일 나겠어? 알아서 할 테니 걱정하지 말고 잘 다녀와요."

아내가 청소 얘길 하지 않았다는 걸 안 건 아내가 떠난 다음이었다. 청소야 며칠 안 해도 돌아와서 한꺼번에 해도 된다고 생각한 듯하다.

우리는 아내 없이도 꽤 잘 지냈다. 밥을 굶지도 않았으며 음식 쓰레기도 제때 버렸고, 아내가 준비해둔 옷이 있으니 빨래 걱

정도 없었다. 그런데 문제가 생겼다. 아내가 돌아오는 날 저녁이 되어서야 집안 꼴이 말이 아님을 알아차리게 된 것이다. 그릇이 산처럼 쌓인 부엌, 먼지투성이 거실, 빗방울 들이친 자국이 있는 뿌연 유리창, 배수구에서 냄새가 피어오르는 욕실!

"얘들아, 아빠랑 청소하자!"

두 아이에게 먼지떨이를 쥐어 주고 비질을 시킨 다음 설거지를 시작했다. 우리 집에는 자연에 부담을 안 준다는 그 흔한 천연세제조차 들어설 자리가 없다. 설거지는 아크릴실로 짠 수세미면 충분하다. 세 부자가 한 시간쯤 부지런히 움직였다. 방, 거실, 부엌은 제 모습을 찾은 듯했다. 아차! 욕실을 잊었구나. 배수구에서 올라오는 냄새가 지독해서 문을 닫아두었지. 나는 부엌 싱크대 아래며 잡동사니를 넣어둔 상자를 뒤지기 시작했다. 화학세제들의 문제점은 광고보다 턱없이 떨어지는 세척력이다. 하지만 하수에 섞여 흘러나간 뒤에는 하천을 오염시키게 된다. 아내가 늘 쓰던 베이킹소다와 구연산 가루는 어딘가에 숨어 끝내 나타나지 않았다. 지금 아내가 있는 곳은 전화 연결이 힘든 곳이다. 어떻게 할까?

동네 약국과 슈퍼에 들러 필요한 재료를 샀다. 욕실을 닦으면서 아내에게 쓸데없는 짓을 했다는 잔소리를 듣겠구나 싶었다. 베이킹소다를 따뜻한 물에 풀어 솔에 적신 후 구석구석 문지르고 찬물에 구연산을 넣어 녹인 뒤 뿌려주었다. 냄새나는 배수구도 베이킹소다를 뿌리고 뜨거운 물에 탄 구연산을 부은 뒤 부글거리며 거품이 끓어오르면 마개를 닫아 소독하고 뜨거운 물로 씻어내렸다. 베이킹소다는 약알칼리성이고 구연산은 산성이다. 이 둘은 모두 먹을 수 있는 물질에 속한다. 2가지를 사용해서 청소하면 하수를 쉽게 중성화할 수 있다. 아내가 빨래는 모아두라 했지만, 아이들이 갈아입으며 내놓은 빨랫감만 해도 세탁기 한 번은 능히 돌릴 양이다. 와이셔츠만 손빨래로 주물거리고 나머지를 거두어 집에서 직접 만든 비누가루(고체비누를 만들어 주머니칼로 잘게 깎은 것)를 사용해 빨아 널었다.

이윽고 아내가 돌아왔다. 사감 선생처럼 집 안을 둘러보던 아내는 생각보다 정돈된 집 안을 보고 만족스러운 표정을 지었다. 물론 잔소리가 없지는 않았다. 욕실 청소처럼 손 가는 일은 아내 손에만 의지했던 터라 청소 재료를 새로 사다 쓴 까닭이다. 아내가 쓰던 베이킹소다와 구연산은 신발장 안에 있었다. 습기 때문에 건조한 곳에 두었다는 것이었다.

우리나라에서 계면활성제, 세제, 유연제 시장의 연간 매출액은 이미 오래전에 조 단위를 넘어섰다. 최근에는 환경부하가 적은 천연세제류 틈새시장이 커지는 추세다. 하지만 아직 화학합성 비누류에만 7,000억 원에 가까운 돈을 쓰는 게 현실이다. 생활하수 비중은 공장폐수를 웃돌아 60%에 달하고 더구나 오염 부하량으로 따지면 80%에 달한다. 물 사용량도 전기 사용량과 더불어 매년 기록을 갈아치우고 있다.

우리가 앞으로도 깨끗한 물을 사용할 수 있으려면 물을 덜 쓰고 하수의 오염도를 가능한 한 줄여야 한다. 올여름 휴가 때 하루 정도는 집에서 가족과 함께 자연주의 설거지와 청소의 기쁨을 누려보면 어떨까? 부엌의 기름때 빼는 건 내공이 딸린다. 부엌 청소는 내공이 높은 아내가 계속했으면 하는 게 솔직한 심정이다.

〈주간경향〉 2008. 8. 5.

11
CHAPTER

자동차 문명의 그늘

"도로 갓길에는 장갑, 신발, 음료수병, 과일 껍질 등이 있다. 그러나 갓길에는 쓰레기만 있는 것이 아니다. 인간이 버린 물건 옆에는, 바로 몇 분 전까지 인간처럼 붉고 뜨거운 피를 가졌던 하나의 생명이, 걸레처럼 나뒹굴고 있다."

자동차 바퀴에 치여 죽어가는 동물들을 다룬 황윤 감독의 로드킬 영화 「어느 날 그 길에서」의 줄거리 글에 나오는 대목이다. 2008년 3월 개봉한 이 영화는 인간에겐 속도와 번영의 상징인 도로가 동물에겐 목숨을 앗아가는 끔찍한 수난의 길임을 보여준다. 얼마 전까지 초여름마다 남쪽 지방 거제에서 열렸던 야생동물 위령제도 별반 뜻이 다르지 않다. 위령제에 모인 사람들은 이유도 모른 채 죽어간 가엾은 넋을 위로하고 동물들의 주검 너머로 아른거리는 우리의 이기심과 욕망을 되돌아보았다.

로드킬은 순전히 자동차 문명이 빚은 비극이다. 자동차는 현대문명을 상징하는 물건 중에서도 가장 강력한 힘을 지니고 있다. 컴퓨터나 휴대전화도 자동차에는 미치지 못한다. 첨단기능을 갖춘 자동차의 등장으로 오히려 둘 다 자동차에 포섭되어 가는 중이다. 고속도로를 가득 메운 자동차 행렬을 TV로 지켜보자면 '카쿤'이라는 낱말을 떠올리게 된다. 카쿤은 'car(자동차)'와 'cocoon(누에고치)'의 합성어다. 우리가 자동차 안에서 보내는 시간과 처리하는 일들이 많아지면서 자동차가 우리를 감싸는 고치가 되어가고 있음을 상징한다.

우리나라의 첫 자동차는 1903년 고종황제의 어차로 들여온 4기통 캐딜락이다. 1955년에는 우리 손으로 시발始發 자동차를 생산하기 시작했다. 그 후 반세기를 훌쩍 넘긴 지금 자동차가 몰고 온 변화는 상상을 초월한다. 2012년 말 자동차 수는 1,887만 대에 달하고 도로 길이는 지구 2.6바퀴를 돌 수 있는 10만 5,700km다. 도로 길이가 늘어났다는 건 그만큼 많은 산림과 녹지가 훼손됐다는 뜻이다.

우리나라 자동차 판매대수는 내수와 수출을 합해 500만 대를 넘어선 지 오래다. 현대·기아 차의 해외 누적 판매는 2013년

3월 5,000만 대를 돌파했다. 그런데 문제는 이와 같은 수치가 도대체 무엇을 의미하는가이다. 대부분 사람은 자동차가 우리를 먹여 살리고 있다는 생각에 자부심을 느낄지도 모른다.

하지만 사실은 거꾸로 우리가 자동차를 먹여 살리고 있는 것은 아닐까? 도로와 주차장이 집어삼킨 거대한 공간, 한 해 평균 40만 명이 넘는 교통사고 사상자 수, 자동차의 거침없는 주행을 위해 구름다리를 건너야 하는 노약자들, 자동차를 피해 도로에서 쫓겨나는 아이들……. 자동차를 위해 우리가 희생하고 있는 것은 셀 수 없을 정도로 많다. 자동차로부터 서자 취급을 받고 있음에도 너도나도 아우성치며 자동차에 손을 내밀고 있는 것이 우리의 모습이다.

미국의 자동차 왕 포드가 '모든 집에 차 한 대'라는 꿈의 실현을 약속했다면, 독일 민족 구성원 모두가 자동차 소유자가 되는 '자동차 민족공동체'의 깃발을 내걸고 아우토반을 건설한 것은 히틀러였다. 하지만 포드도 히틀러도 정말 모든 집에서 자동차를 가지게 되면 어떤 일이 벌어질지 생각하지 않았다. 우리 정부도 마찬가지다. 전국의 교통망을 바둑판처럼 만들겠다며 도로 건설에 천문학적인 돈을 쏟아부으면서도 자동차 통행에 따른 사회적 비용과 인권침해를 줄이는 데는 인색한 편이다.

도로 건설이 생태계에 주는 영향은 택지를 개발하고 산업단지를 조성하는 것과 차이가 있다. 일직선으로 쭉 뻗은 도로는 마을과 생태계를 둘로 쪼개 섬처럼 고립시킨다. 생태학자들은 이 현상을 '서식지 파편화'라는 이름으로 부른다. 사람으로 치면 집이 몇 조각으로 쪼개져 방과 부엌이 따로 노는 형국이다. 도로는 야생동물들의 보금자리를 쪼개는 전기 톱날이자 다른 곳으로 이동할 수 없게 하는 장애물이다. 하지만 가장 심각한 것은 역시 로드킬이다. 야생동물과 차량이 충돌하면 비단 동물들만 피해를 보는 것에 그치지 않는다. 도로에 멈춰선 동물과 충돌을 피하려다 사고로 목숨을 잃는 사람도 늘어나고 있다.

동물들의 속절없는 죽음을 막는 가장 좋은 방법은 자동차를 멀리하고 되도록 도로를 만들지 않는 일이다. 자동차와 도로의 굴레에서 벗어나기 어렵다면, 야생동물들이 안심하고 지나다닐 수 있는 길을 군데군데 만들어주어야 한다. 그게 우리가 동물들에게 베풀어야 할 최소한의 예의다.

야생동물 전용도로에는 가짓수가 많다. 일반적으로 도로 위를 지나는 육교형과 도로 아래에 설치하는 터널형으로 나뉜다. 차를 몰고 가다가 "동물이 지나가고 있어요"라는 대형 팻말이 눈에 들어오면 육교형으로 생각하면 된다. 육교형은 산이나 구릉을 절개해 도로를 낸 곳에 설치하는 것이 보통이다. 곰, 멧돼지, 오소리, 너구리, 고라니, 노루처럼 몸집이 큰 동물들의 이동을 돕기 위해서다.

터널형은 육교형에 비해 눈에 잘 띄지 않는다. 규모도 작을 뿐 아니라 흙을 쌓아 도로를 낸 구간 아래쪽을 관통하는 형태로 설치하기 때문이다. 터널형은 개구리, 두꺼비, 맹꽁이, 뱀, 도롱뇽과 같은 양서·파충류와 비교적 몸집이 작은 포유동물인 족제비, 산토끼, 오소리의 이동을 돕는 데 안성맞춤이다. 터널형 가운데는 양서류를 위해 특별히 설치하는 양서류 전용도로도 있다. 이 경우에는 바닥에 부식토나 낙엽을 깔아 습기를 유지해야 한다. 양서류에게 가장 무서운 적은 몸에 수분이 없어져 말라붙는 일이다.

그런데 많은 예산을 들여 야생동물 전용도로를 만들어주는 것만이 능사는 아니다. 계곡이나 강을 따라 형성된 수변을 잘 가꾸면 야생동물들에겐 최상의 전용도로가 된다. 운전자들의 노력으로 로드킬을 줄이는 방법도 있다. 자동차를 가능한 한 천천히 모는 것이다.

자동차 문명의 그늘을 없애는 가장 좋은 방법은 자동차를 소유하지 않고 사는 삶에 익숙해지는 것이다. 하지만 삶의 양식을 바꾸는 일이 말처럼 쉽지는 않다. 시간이 걸리는 일인 데다 공공교통수단의 확충이 전제되어야 한다. 자동차가 늘어나는 이유는 자동차 이용으로 지불해야 할 비용이 그 이용에 따른 편

익보다 훨씬 적기 때문이다. 자동차 생산자와 이용자가 치러야 할 사회적 비용은 지금보다 훨씬 더 늘어나야 한다. 자동차로 여름휴가를 떠날 생각이라면 먼저 로드킬을 다룬 영화 「어느 날 그 길에서」를 구해 감상해보면 어떨까?

〈서울신문〉 2005. 3. 7. + 〈주간경향〉 2008. 7. 8.

12
CHAPTER

서해로 가는
아름다운 행렬

2007년 12월 7일 서해안의 태안 앞바다에서 유조선 허베이 스피릿호와 크레인이 충돌했다. 엄청난 양의 기름이 바다에 뿌려졌다. 서해를 향한 길고 아름다운 행렬이 이어진 것은 사고 후 얼마 지나지 않아서였다. 눈보라 치는 겨울 바다에서 묵묵히 기름을 닦아내는 수천 명의 사람들. 그 모습은 보는 것만으로도 감동이었다. 기름재앙은 누구도 예상치 못했던 일이지만, 원인은 결국 인간의 오만과 방심이었다. 책임져야 할 사람들이 분명한 인재였다는 뜻이다. 하지만 우리 국민이 보인 태도는 "그들에게 돌부터 던져야 한다!"가 아니었다.

사고 발생 직후 시민단체인 환경운동연합이 "서해의 검은 눈물을 닦아달라!"고 처음 호소했을 때, 기적 같은 일이 벌어졌다. 홈페이지 접속이 불가능할 정도로 지원자가 몰리더니, 어린 중학생들에서부터 은퇴한 노년층에 이르기까지 순식간에 2,000명을 훌쩍 넘겼다.

서해안 완전복구까지 20년이 걸린다지만 사실 완전복구라는 말에는 어폐가 있다. 훼손된 생태계는 스스로 치유하고 복원할 능력이 있지만, 자연의 시간표는 우리 인간의 것과는 사뭇 다르다. 20년이라는 한정된 시간은 생태계에 단지 얼개 짜기만 허용할 뿐이다. 얼개에 깃든 모든 생명체가 제자리를 찾아가기까지에는 훨씬 더 긴 진화의 시간이 필요하다.

자연은 일단 무너진 채 복원되더라도 원래의 모습을 그대로 찾기 어렵다. 파괴가 남긴 깊은 생채기는 달라진 동식물의 종류와 구성비에서, 그리고 그들의 후손에 전달되는 오염된 DNA에서 오랫동안 반복적으로 확인된다. 따라서 서해의 변화는 자신이 맞추어놓았던 시계가 더는 작동하지 않는 깊고 근본적이라는 점에서 생태적 비극으로 불러야 마땅한 일이었다.

이 아픔과 자연의 고통스러운 자기회복 과정을 차마 눈 뜨고 볼 수 없어서 나선 사람들. 그들이야말로 우리 정치와 경제, 사회, 그리고 역사 전체를 자정해가는 원동력이다. 서해를 향한 행렬은 자신의 이익을 목적으로 하지 않는 이타정신의 반짝이는 결정체를 품고 있어 더욱 빛을 발한다. 인간은 공동체의 아픔에 공감하는 능력을 잃는 순간 불행해질 수밖에 없게 되어 있다. 어쩌면 우리들의 부풀려진 욕망과 각박한 삶을 치유할 약은 타자를 향한 사랑과 그것의 실천, 우리 안에 있는 바로 그것이었는지도 모른다.

서해로 향하는 아름다운 행렬이 닦아내는 것은, 바위와 자갈의 기름때만이 아니다. 그들은 그곳에서 상처 난 서해와 그곳 주민의 아픈 마음을 어루만졌던 것이다. 나뿐만 아니라 이웃과 자연이 모두 건강해야 비로소 나 자신도 행복할 수 있다는 진실을 속삭이고 있는 것이다. 우리는 또한 그들의 행렬에 힘입어 생명의 원리가 타자의 아픔에 공감하고 치유를 돕는 공생과 배려의 정신, 바로 그 사랑의 원리였다는 점을 새기며 마음에 낀 기름때를 닦아낼 수 있었다.

서해로 이어진 길고 아름다운 행렬은, 우리에게 생명과 평화의 시대가 오고 있음을 알리는 증거이기도 하다. 자연은 거스를 수 없는 거대하고 위대한 힘을 갖고 있다. 하지만 그 속살은 인간의 하찮은 실수가 수천만 년 유지해온 아름다움과 생명의 균형을 하루아침에 무너뜨릴 정도로 연약하다.

우리는 이 기적과 같은 희망의 싹을 잘 가꾸고 키워 모두가 건강하고 아름다워지는 사회를 만들 채비를 해야 한다. 행여 사고 책임을 모면할 수 있지 않을까 잔꾀를 내는 자들의 용렬함도 이번 기회에 단호히 끊어내야 한다. 힘들고 아픈 이들에게 따뜻한 손을 내미는 인류애가 자연의 눈물을 닦아낼 수 있는 더 높은 사랑의 단계로 승화되는 것을 보는 것은, 일상에 찌든 때를 말끔히 씻어주는 청량제임에 틀림없다.

숫자는 단지 기호記號에 불과하다. 따라서 바다와 그곳에 기대어 살던 사람들이 입은 상처와 아픔을 보여줄 수 없다. 그래도 우린 이 숫자들의 의미를 기억해야 한다. 아래는 숫자로 기억하는 기름재난 100일의 기록이다.

12,547: 2007년 12월 7일 오전 7시 30분, 태안 해상국립공원 앞바다에 정박 중이던 허베이 스프릿호를 삼성중공업의 해상 크레인이 들이받았다. 구멍 뚫린 유조선에서 흘러나온 기름양은 1만 2,547㎘였다.

91 대 50: 허베이 스프릿호는 현대오일뱅크의 기름을 싣고 오던 홑겹 유조선이었다. 선박 외벽이 두 겹이었더라면 단순한 해상사고에 그쳤을지도 모른다. 현대오일뱅크는 2006년 1월부터 사고 직전인 2007년 11월 말까지 5,000급 이상의 대형 유조선을 91회에 걸쳐 이용했다. 그 가운데 홑겹 유조선 이용 횟수는

50회였다.

16,500: 정부는 여수 시프린스호 사고 이후 국가방재능력을 1만 6,500까지 늘렸다고 말해왔다. 하지만 이 수치는 사고 현장에 즉각 투입할 수 있는 방재능력이 아니다. 사고지점인 태안 앞바다로 가장 빨리 올 수 있던 방재설비는 여수에 있었다. 이들의 이동에만 하루가 걸렸다. 국가방재능력 1만 6,500은 무의미한 숫자놀음이었다.

10,000: 2008년 1월 14일 태안 소원면 신노루 바닷가. 쏙이라고도 하는 갯가재들의 폐사체가 발견되기 시작했다. 10만 마리가 넘었다. 죽어간 쏙들은 기름을 뒤집어쓰고 있었다. 이처럼 먹이사슬의 고리 하나가 빠져나가면 연쇄적인 붕괴가 시작된다. 회복하는 데는 긴 시간이 필요하다. 그 사이 생태계는 공황을 경험한다.

1,000: 바다를 검게 물들인 건 원유였다. 원유의 주성분은 휘발성 물질VOCs과 잔류하는 물질PAHs들이다. 양자 모두 독성이 강한 1,000종 이상의 물질로 구성되어 있다. 이들은 급성 피해를 주기도 하지만 오랜 시간이 지나면 유전적인 피해를 일으키

기도 한다.

3: 태안 주민 세 사람이 스스로 목숨을 끊었다. 바다가 있었기에 생계를 유지할 수 있었던 사람들이었다. 그 바다가 갑자기 그들에게서 사라졌다. 이제 어떻게 살아야 하나? 그들은 그 답을 찾을 수 없었다. 그들의 죽음은 우리 사회에 깊은 생채기를 남겼다.

100,000,000,000: 2008년 2월 29일 삼성중공업은 태안발전기금으로 1,000억 원을 출연하겠다고 발표했다. 바다 생태계의 치유에 걸리는 긴 시간을 고려하면 피해액은 수조 원에 달할지도 모른다. "회사 능력이 허용하는 최대 액수"라지만, 책임은 계열 회사가 아니라 그룹 차원에서 지라는 것이 사회적 요구였다.

1,300,000: 재난이 발생한 지 막 100일이 지난 시점의 통계다. 130만 명의 자원봉사자가 서해를 찾아 검은 눈물을 닦아냈다. 우리는 서해로 가는 아름다운 행렬을 통해 우리 안에서 자라고 있는 희망을 보았다. 다른 생명의 아픔에 공명하는 능력을 증명하는 아름다운 숫자, 130만을 잊지 말아야 한다.

〈경향신문〉 2008. 1. 7. + 〈주간경향〉 2008. 3. 25.

13
CHAPTER

낙동강의
경고음

물벼룩은 몸이 얇고 투명하다. 그래서 숨길 게 하나도 없다. 현미경으로 보면 달걀 모양을 한 알과 먹어치운 녹색말까지 다 들여다보인다. 이름만 듣고 벼룩의 사촌쯤으로 생각하면 오산이다. 갑각류인 물벼룩의 혈통은 오히려 새우나 가재와 가깝다. 톡톡 튀면서 헤엄치는 모습이 벼룩의 엄청난 점프력을 연상시켜 물벼룩이라는 이름이 붙여졌을 뿐이다.

물벼룩은 수질오염을 감시하는 파수꾼이기도 하다. 상수원에 독극물이 대량 흘러들었지만 한참 뒤 그 사실을 알게 된다면 어떻게 될까. 생각만 해도 끔찍한 일이 벌어질 것이다. 물벼룩은 이런 오염사고를 막기 위해 투입된 최전방의 병사다. 독성폐수가 흘러들어오면 물벼룩이 뛰어오르는 횟수와 점프력에 이상이 생긴다. 물벼룩이 보내는 신호가 일정한 한계 값을 초과하면 오염경보가 발령된다.

물벼룩을 이용한 생물조기경보시스템이 도입된 계기는 1991년 대구 페놀 사태였다. 대구는 현대정치사에서 한동안 권력의 고향을 자임했던 곳이다. 페놀 사태 당시 국정책임자였던 노태우 대통령을 가장 확실하게 밀어준 곳도 대구였다. 대구 시민에게 가끔 아쉬운 일은 있을지언정 큰 걱정거리는 없었다. 중앙 정치무대에 넘쳐나는 지역연고 정치인들의 네트워크를 가동할 수 있었기 때문이다.

그곳 대구에 갑자기 메가톤급 폭탄이 떨어졌다. 마시는 물에 페놀이라는 독약이 풀린 것이다. 대구 시민은 초유의 수질오염 사태에 놀라긴 했지만, 처음엔 정부에 대해 너그러운 편이었다. 노태우 정부가 설마 대구를 홀대하겠는가? 곧 대책도 제대로 세우고 보상도 할 만큼 하겠지. 하지만 오래지 않아 그 믿음은 불신과 분노로 변했다. 당국이 서둘러 조업재개를 허가하자마자 같은 공장에서 다시 페놀을 흘려보낸 것이다. 이 사건으로 당시 환경처 장관과 간부들이 줄사표를 냈지만, 대구 시민의 분노와 배신감을 누그러뜨릴 수는 없었다.

그로부터 17년이 지나고 우리는 역사의 반복을 보게 되었다.

이번에는 페놀만이 아니었다. 포르말린까지 식수원으로 흘러들었다. 사고 과정을 뜯어보면 식수원을 이처럼 홀대하는 나라가 또 어디 있을까 싶다. 독성물질 유출을 최소화하기 위해 마련한 방재지침은 사고 공장의 불을 끄는 과정에서 전혀 지켜지지 않았다. 기껏 빨리 움직였다는 것이 페놀 찌꺼기가 강으로 흘러든 뒤 4시간이 지나서야 작은 실개천에 둑을 쌓은 정도였다.

최대 800kg의 유독물질이 낙동강으로 유출되는 동안 물벼룩을 이용한 생물 조기경보시스템은 가동되지 않았다. 설치 위치가 잘못되었거나 운영에 문제가 있었기 때문일 것이다. 오히려 이번 사고는 낙동강이 물벼룩을 대신해 식수원 위기가 다가오고 있음을 알리는 경고음이다.

페놀, 디클로로메탄, 1.4-다이옥산, 퍼클로레이트……. 잊을 만하면 터지는 수질오염 사고로 흘려보낸 낙동강의 세월이 근 20년이다. 그 강에 화학물질을 실은 선박이 오가며 사고를 일으킨다면 또 몇 년의 세월이 흘러갈 것인가.

〈경향신문〉 2008. 3. 10.

14
CHAPTER

다슬기와
모래톱의 추억

모처럼 모여 앉아 설술이 막 한 순배 돌았을 때다. 마침내 형이 노트북을 꺼내 들었다. 노트북과 텔레비전을 연결하자마자 화면에 인터넷 구글 어스의 위성사진이 펼쳐진다. 나이 쉰을 넘긴 형이 명절 때마다 거르지 않는 연례행사다. 그는 지금 인공위성을 타고 40년 전 추억을 찾아 가족순례를 떠나려는 것이다.

확대된 위성사진 위로 옛 시골집이 제 모습을 드러낸다. 다행히 아직 그대로다. 까까중머리들이 우 몰려들어 공차기하던 골목길은 저렇게 좁았던가 싶다. 아파트가 들어선 뒷산이며 사과나무 과수원쯤이었을 공장용지는 언제 보아도 낯설기만 하다. 동리를 한 바퀴 얼추 훑은 다음 학교 가던 길목을 가로지르는 시냇가에 마우스가 멈췄을 때다. 문득 형의 아래턱에 깊게 팬 상처가 눈에 들어왔다.

"너흰 이산가족 되더라도 너무 걱정하지 마라."

삼 형제 모두 턱밑에 같은 상처가 있으니 가족인지 아닌지 서로 금방 알아볼 수 있다는 우리 어머니 말씀이시다.

내 턱 한가운데에 손톱 길이로 난 상처 역시 가족의 동질감을 일깨우는 추억의 흔적이랄 수 있다. 그 무렵 시냇가는 학교에서 집으로 돌아오는 길에 마주치는 유일한 놀이터였다. 특히 초여름이면 종아리까지 차오르는 물속에서 다슬기 잡는 재미가 그만이었다. 맑은 시냇물에 깊숙이 팔을 넣어 자갈과 돌을 들어 올리면 물빛에 반짝이던 갈색 껍질의 다슬기. 우린 그놈들을 돌에서 떼어내 흰 고무신에 담아 집으로 가져가곤 했다. 마당 그늘에 놓인 대나무 평상에 걸터앉아 데친 다슬기 속살을 옷핀으로 빼먹는 재미는 해본 사람만이 안다.

내 턱 상처의 근원은 다슬기 수송 과정에서 발생한 작은 사고였다. 징검다리는 어린 내가 뛰어넘기에는 간격이 넓었던 듯하다. 나는 다슬기가 쏟아질세라 두 손으로 고무신을 받쳐 들고 징검다리를 폴짝폴짝 뛰다가 일순간 앞으로 고꾸라졌다. 정신을 차린 후 피로 물든 나를 둘러업고 집으로 데려온 사람이 바로 형이었다는 애길 들었다.

밤이 되면 시냇가 작은 모래톱이 우릴 기다리고 있었다. 달빛에 반사된 하얀 모래밭에 앉아 물속을 흐르는 모래들이 조약돌에 부딪히는 소리를 듣곤 했다. 한여름 밤에는 모래밭에 설치된 가설무대 앞에 자리를 펴고 앉아 노천영화를 보려는 어른들로 넘쳐났다. 한겨울 시내를 가로질러 걸어가면 바삭바삭 낙엽 밟는 소리가 났다. 가끔 유리창 깨지듯 쨍하는 소리도 들린다. 그건 발밑에서 얼음이 깨져나가는 파열음이다. 정월 대보름이면 모래톱에서 쥐불놀이가 벌어졌다. 바람구멍이 숭숭 뚫린 빈 깡통에 철사로 길게 끈을 매단 다음 오래 탈 수 있는 나뭇가지나 솔방울을 채워 불쏘시개를 넣고 허공에 빙빙 돌린다. 저마다 불을 붙여 들고 돌리기 시작하면 붉은 불꽃이 원을 그리며 밤하늘을 아름답게 수놓았다.

그런데 모래톱에 얽힌 추억은 나만의 것은 아닌 모양이다. 한 하천공학자는 강바닥 모래가 시시각각 모양을 바꾸는 모습이 마치 물과 모래가 힘을 겨루는 결투와도 같다고 묘사했다.

"모래의 고향은 꼬마물떼새가 알을 낳고 철새가 날아드는 백사장일 수도, 공기가 물속으로 스며들어 어린 물고기들이 좋아하는 여울일 수도 있다."

이명박 정부가 운하를 파기 위해 남한강과 낙동강에 묻혀 있는 모래와 자갈을 남김없이 파냈다고 한다. 그것도 텅 빈 채 오갈 것이 분명한 바지선들을 위해. 하지만 강바닥을 긁어내면 자취를 감추는 것은 옛 추억의 흔적만은 아니다. 우리 아이들의 미래도 함께 사라진다. 은빛 모래와 조약돌을 보려면 외국으로 나가야만 하는 그런 세상을 기어이 만들고 싶은가? 가족들과 헤어져 집으로 돌아오는 길에 누군가를 향해 되뇌었던 질문이다.

〈경향신문〉 2008. 2. 10.

15
CHAPTER

바다가
육지라면

포말이 부서지는 파도와 하얀 백사장이 그리워지는 계절, 문득 1970년대를 풍미했던 가수 조미미의 「바다가 육지라면」이란 노래가 떠오른다.

"파도가 길을 막아 가고파도 못 갑니다. 바다가 육지라면……."

바다에 가로막혀 뭍으로 가지 못하는 신세를 애달파한 노래다. 바다는 고립된 섬과 그리운 사람이 숨 쉬고 있는 머나먼 땅 사이에 가로놓인 장애물로 묘사된다.

모더니즘 시인 김기림의 시 「바다의 향수」에서 바다는 애써 외면하고 싶은 열악한 현실을 상징하고 있다. 시인은 "날마다 푸른 바다 대신에 / 꾸겨진 구름을 바라보러 / 엘리베이터로 / 5층 꼭대기에 올라간다." 대표작 「바다와 나비」에서도 바다는 "나비를 받아들이지도, 삼월에 꽃이 피지도 않는 무생명의 불모지"일 뿐이다. 바다는 현실과 피안의 세계 사이의 거리가 멀다는 것을 뜻하는 유력한 수단이다.

생명은 바다에서 시작되었다. 살아 있는 모든 것을 자라게 하는 비와 눈의 근원도 바다에서 증발한 물이다. 하지만 바다는 원초적인 공포감을 불러일으키는 무질서와 혼돈의 세계이기도 하다. 동서양을 막론하고 바다에 얽힌 신화나 전설이 많은 것은 그 한없는 넓이와 깊이 때문이다. 사나운 폭풍우, 짙은 안개, 배를 삼키는 괴수……. 역사 속에서 깊은 바다는 언제나 '악마의 도메인'이었다.

불과 300년 전만 해도 바다에서 수영하는 일은 서양에서조차 금기였다고 한다. 바다는 신비한 베일에 싸인 지하세계로 통하는 관문이었다. 해일을 막기 위해 제방을 쌓을 때면 고양이와 개, 때로는 집시의 자식들까지 산 채로 제물이 되었다. 해난海難에 따른 희생을 막기 위해 바다에 미리 제물을 바치는 역설은 바다를 '위해의 근원'으로 보는 관념을 빼면 이해하기 어렵다.

하지만 바다는 언제나 정복의 대상이기도 했다. 바다를 지배하려는 욕망은 바다에 대한 막연한 두려움의 다른 이름일 뿐이었다. '바다를 지배하는 자가 결국 세계를 지배한다'는 말은 문화사의 관점에서 「바다가 육지라면」과 다르지 않다. 바다는 때로 '꽃피지 않는 무생명의 불모지'가 아니라, '육상의 난제를 해결하기 위한 탈출구'로 모습을 드러내기 때문이다.

바다가 여전히 알 수 없는 세계로 남아 있기 때문에 오히려 천대받는 예는 무수히 많다. 그중에서도 백미는 바다에 폐기물을 버리는 행위다. 바다를 폐기물 투기장소로 이용하기 시작한 것은 산업혁명 초기로 추정된다. 그 배경에는 바다가 인간의 생활 근거지에서 멀리 떨어져 있고, 폐기물을 무한대로 희석할 수 있다는 얄팍한 계산이 자리하고 있었다.

그러나 넓고 깊은 심연의 바다라지만 증가하는 폐기물 양과 독성을 버텨낼 재주는 없었다. 핵폐기물까지 내다 버리게 되면서 물고기와 물개들이 모조리 죽임당하는 일이 다반사로 벌어진 것이다. 결국 폐기물의 투기로부터 바다오염을 방지하기 위한 런던협약이 1972년 제정되었고, 1996년에는 의정서를 채택하여 투기허용물질의 종류를 대폭 줄였다. 이 의정서는 2006년부터 발효되었다.

우리나라가 동해안과 서해안에 버리는 폐기물은 양도 많고 종류도 다양하다. 분뇨와 축산폐수는 물론 하수처리 찌꺼기와 폐수처리 찌꺼기까지 내다버리고 있다. 처리시설에서 기껏 많은 돈을 들여 걸러낸 오염물질이 대부분 바다로 향하고 있는 것이다. 런던협약의 홈페이지에는 "당사국 가운데 오직 한국, 일본, 필리핀만이 하수처리 찌꺼기를 바다에 버리고 있다"는 내용을 발견할 수 있다.

바다에 내다 버리는 폐기물 양의 증가 속도는 실로 놀라울 정도다. 2004년 기준 약 975만t을 내다 버려 1990년에 비해 10배가량 증가했다. 특히 하수처리 찌꺼기와 축산폐수는 같은 기간 45배에서 154배까지 증가했다고 한다. 당시 해양수산부는 뒤늦게 대책 마련에 나섰지만 문제가 간단하지 않았다. 육상에서의 직매립을 금지해 해양투기 증가에 한몫을 담당한 환경부의 반발이 거셌기 때문이다.

폐기물을 바다에 내다 버리는 것은 「바다가 육지라면」이라는 열망의 비틀린 단면에 불과하다. 바다가 육지라면 거대한 온풍기와 에어컨이 사라져 지구의 기후조절기능이 마비될 수밖에 없다. 투기장으로 변한 바다에서 휴식과 낭만은 존재하지 않는다. 더위를 식히러 바다로 떠날 채비를 하는 사람들이라면 한 번쯤 생각해볼 일이다.

〈서울신문〉 2005. 6. 20.

16
CHAPTER

강은 강이요
늪은 늪이다

신록이 완연한 늦봄이다. 이맘때면 대지를 촉촉이 적시는 비가 내려 삼라만상을 가득 채운 생명의 속삭임을 듣는다. 적당한 비가 내리면 모내기 준비에 여념이 없는 농부들의 발걸음도 가벼워진다. 이렇듯 생명의 기운을 일으켜 북돋워 주는 비지만 언제나 반가운 손님인 것은 아니다. 동서고금을 막론하고 태풍을 동반하는 장마철 큰비는 공포와 원망의 대상이었다.

조지 스튜어트는 『폭풍우』라는 소설에서 "건초 수확기의 뇌우는 내각을 갈아치우고 기온이 약간만 변해도 왕좌가 흔들린다"고 했다. 우리나라에서도 수해는 오래전부터 가뭄과 함께 국운을 좌우하는 천기의 변화로 받아들여졌다. 재해가 왕의 부덕에서 비롯된 것으로 보고 근신하고자 했던 피정전避正殿이나 창고를 열어 굶주린 백성에게 곡식을 나누어 주었던 진휼賑恤은 물을 잘 다스리는 일이 국가의 중대사였음을 보여준다.

첨단 과학기술을 자랑하는 오늘날도 사정은 크게 다르지 않다. 태풍 '매미'와 '루사'가 몰고 왔던 기습폭우로 수백 명의 인명 피해와 수조 원의 재산 손해를 입었던 기억이 생생하다. 따라서 수해 예방이 우리 사회에서 가장 시급하게 추진돼야 할 정책의 하나임을 부정하는 사람은 없을 것이다. 문제는 그 방향이 과연 올바른 것인가에 있다. 매년 재해복구비 7조 원과 치수사업 예산 1조여 원이라는 천문학적인 돈이 투입되고 있음에도 수해가 줄기는커녕 오히려 늘어나고 있기 때문이다.

홍수에 무기력하고 매년 더 큰 피해가 되풀이되는 이유는 홍수에 대한 이해가 근본부터 잘못돼 있기 때문이다. 정부의 홍수 대책은 제방을 높이고 더 튼튼하게 쌓거나 강바닥을 긁어내어 낮추는 것이 전부다. 하지만 이는 비가 새는 집에서 지붕을 고치기보다는 마룻바닥에 양동이를 대고 물을 받겠다는 것과 같다. 홍수는 인간으로서는 강이 범람해 생명과 재산을 빼앗는 예외적인 사건이지만, 사실은 우리가 굳은 몸을 풀기 위해 기지개를 켜는 것과 다를 바 없는 생태계의 극히 자연스러운 현상이다.

아나나 다를까. 지금까지 수해가 극심했던 곳은 예외 없이 인

위적으로 물길이 바뀐 지역이었다. 제방을 높이고 콘크리트 구조물을 붙여 물을 가두어둘 수 있다고 믿었다. 하지만 결국 불어난 강물이 제 물길을 찾아가는 것을 막을 수는 없었다. 제방 사면에 콘크리트 호안블록을 붙여 논란을 빚고 있는 창녕 우포늪도 마찬가지다. 침수로 주민이 손해를 입었던 지역은 원래는 늪이었으나 1960년대 이후 농업진흥공사가 메워 논이나 밭으로 개간한 곳이다.

제방을 튼튼히 쌓아 홍수 피해를 막아보겠다는 시도는 단기적으로는 성공할지 몰라도 언젠가 더 큰 화를 부를 수밖에 없다. 지속할 수 있는 수해예방의 원칙은 강과 늪에 우리가 빼앗았던 공간을 가능한 한 돌려주어 물을 담을 수 있는 능력을 키워주는 것이다. 인내심을 가지고 충분한 검토와 논의를 거쳐 실질적으로 효과가 있는 정책을 세우는 일은 무엇보다 홍수대책에 요구되는 자세일 것이다.

〈서울신문〉 2004. 5. 17.

17
CHAPTER

'나 홀로 웰빙'
가능한가

웰빙 붐과 주5일제 확산으로 삶의 질을 즐기려는 사람들이 늘고 있다. '잘 먹고 잘 살자'를 인생의 좌우명으로 삼는 사람들이 급증하는가 하면, 이른바 '몸짱' 열풍에 힘입어 실내 운동기구 시장이 매년 20% 이상씩 성장하고 있다고 한다. 유기농 딸기, 목장 한우, 제주산 은갈치, 이천 인증미, 열대 과일, 와인, 수입산 가공식품, 2ℓ에 1만 5,000원 하는 해양 심층수……. 평당 수천만 원을 호가한다는 서울 강남의 타워팰리스 주민이 건강을 생각하며 즐겨 먹는 식품들이라는 보도도 있었다.

　신체와 정신이 건강한 삶을 행복의 척도로 삼는 웰빙문화를 한마디로 재단하기는 어렵다. 믿을 건 자기 몸밖에 없다는 생각이 물질적 가치나 명예를 얻기 위해 달려왔던 그간의 삶에 비해 가볍다고 볼 수 있는 근거는 어디에도 없다. 또한 지금까지 잘 살아왔다고 믿었던 삶에 대한 위기의식에서 출발하는 것이니, 잘만 하면 삶의 질에 대한 새로운 성찰의 계기가 될 수도 있다는 생각이 든다. 하지만 마음 한구석에 여전히 개운치 못한 느낌이 드는 것은 왜일까? 그것은 아마 작금의 웰빙 열풍이 2가지 측면에서 문제를 안고 있기 때문일 것이다.

우선 웰빙 바람은 좋은 환경이 고가의 상품으로 거래된다는 사실을 적나라하게 보여준다. 또한 우리 사회가 개인의 경제력에 따라 오염을 일시적으로나마 회피할 수 있는 능력이 결정되는 사회임을 끊임없이 환기한다. 부유 계층보다는 빈곤 계층이, 남성보다 여성이, 청장년보다는 노인이나 아동이 환경오염에 더 취약하다는 연구 결과들은 환경도 사회 불평등의 원인이 될 수 있다는 사실을 뒷받침하고 있다.

따라서 최근의 웰빙 열풍이 '피트니스센터를 갖춘 고급 아파트에서 비싼 건강식품을 먹고 자기 몸만 잘 가꾸며 살겠다는 돈 많은 사람들의 놀음'이라는 비판은 가혹하긴 해도 부당하게만 볼 일은 아니다.

물론 선진국 국민의 평균수명이 후진국보다 길고 건강에 관한 관심도 더 많다는 사실이 보여주듯이 건강이 삶의 질을 결정하는 중요한 요소가 된 것은 부인하기 어렵다. 하지만 기본 생활을 영위하기에 바빠 건강을 돌볼 수 없는 사람들은 여유를 즐기며 웰빙을 추구하는 사람들을 보며 소외감과 박탈감을 갖게 될 가능성이 크다.

어쩌면 웰빙 열풍의 근본적인 한계는 잘 먹고 잘 사는 것의 진짜 의미를 놓치고 있다는 데 있는지도 모른다. 진정으로 건강한 삶은 몸에 좋은 음식을 먹고 매일 피트니스 기계와 씨름한다고 해서 이루어지는 것이 아니다. 건강한 몸과 맑은 영혼을 유지할 수 있도록 주변 환경과 삶의 방식이 모두 바뀌어야 가능한 일이다.

생각해보라. 매연과 황사로 희뿌연 도시 한복판에서 나 혼자 맑은 공기를 마실 수 있는 방법이 있는가? 하루 3시간 이상 자동차 안에서 보내면서 부족한 운동을 보충하기 위해 러닝머신에서 땀 흘리는 것을 두고 과연 잘 먹고 잘 산다고 할 수 있을까?

우리는 어쩌면 잘 먹고 잘 사는 것이 아니라 잘 먹고 잘 사는 흉내만 내고 있는지도 모른다. 다른 사람에 대한 배려 없이 나만의 건강을 추구하는 것, 주변 환경이야 어떻게 되건 말건 내가 지내는 공간만 쾌적하면 그만이라는 생각은 잘 먹고 잘 사는 것과 거리가 멀다.

행복하고 건강한 삶의 조건은 나만의 도피처를 찾아 나서는 것이 아니라 이웃과 함께 인간과 자연이 공존하는 사회를 만들어가는 일이다. 웰빙 열풍이 개인의 울타리를 벗어나 사회 전체의 웰빙을 추구하는 쪽으로 발전해가길 기대한다.

〈서울신문〉 2004. 3. 15.

18
CHAPTER

녹색 도시의
꿈

남산에서 내려다보는 서울의 모습은 희뿌연 스모그 사이로 우뚝 솟은 빌딩과 아파트만 보이는 회색 도시다. 도시를 에워싸고 있는 산과 일부 공원형 숲을 제외하면 규모가 큰 숲은 찾아보기 어렵다.

담장 너머로 길게 자란 감나무, 마당 한 귀퉁이에서 흐느적거리던 봉숭아, 과꽃, 채송화, 맨드라미, 백일홍……. 동네를 가로질러 졸졸졸 흐르던 개울, 밤이면 강변의 모래알처럼 반짝이던 별 무리, 눈을 감으면 떠오르는 그리운 이름들의 목록은 언제부터인가 사라져버렸다.

아스팔트와 콘크리트로 치장한 거대한 괴물을 연상케 하는 것은 비단 서울만이 아니다. 부산, 대구, 대전, 인천, 광주 등 대도시들도 모두 서울의 모습을 닮아가면서 삶의 터전이 갖추어야 할 모습과 기능을 잃어가고 있다.

불과 몇십 년 전만 해도 마음껏 누릴 수 있었던 맑은 공기, 깨끗한 물, 사람과 어울려 살던 그 많은 생명체는 다 어디로 간 것일까? 우리나라에서 도시화는 1960년대 후반부터 정신없이 빠른 속도로 진행됐다. 도시 인구가 1984년에 대략 3,000만 명 정도였는데, 불과 30년 만에 5,100만여 명으로 늘어났다. 이는 해마다 평균 약 70만 명이 증가한 것이다. 이제는 10명 중 9명 이상이 도시에 살고 있다.

물론 도시화 열풍이 우리에게만 불었던 것은 아니다. 유엔 인구국에 따르면 20세기가 시작될 무렵에는 10명 가운데 1명만 도시에 살았다고 한다. 불과 100년이 지난 후인 지금은 전체 인구의 절반 이상이 도시에서 살고 있다.

생태학의 눈으로 보면 도시는 숙주宿主의 양분을 취하지 않고는 존재할 수 없는 한낱 기생충에 불과하다. 식량 생산과 폐기물 처리를 대부분 도시 바깥의 농촌 지역에 의존하고 있기 때문이다. 외부로부터의 도움이 없이는 한순간도 유지할 수 없는 곳, 에너지의 순환 구조가 너무 손상되어 회복조차 불가능한 곳이 바로 도시다. 과밀과 시끄러움으로 대표되는 도시의 조건은 생태적 감수성을 극도로 제한할 뿐만 아니라 인간의 지각, 사고, 정서에 치명적인 장애를 가져오기도 한다.

최근 세간의 관심을 끌고 있는 '새집 증후군'이 부스럼이라면 '도시 증후군'은 암癌에 비유해야 할지도 모른다. 소음으로 가득한 도시에서 폐쇄적인 아파트 생활을 오래 한 사람들은 조용한 시골 단독주택에 사는 사람들에 비해 우울증, 무기력, 착각, 환각 등의 심리적 이상 상태에 시달릴 확률이 50%나 높다는 연구 결과도 있다.

생태적이고 대안적인 삶의 방식이 대부분 도시 바깥에서 추구되고 있는 것은 결코 우연한 일이 아니다. 회색 바탕에 제아무리 녹색을 덧칠한들 도시는 도시일 뿐이라고 생각할 수도 있다. 게다가 도시를 바꾼다는 것은 말처럼 쉬운 일이 아니다. 어쩌면 인류가 역사에서 축적한 모든 삶의 지혜와 상상력을 창조적으로 재구성해야 할지도 모른다.

하지만 기후변화나 산림훼손 같은 지구적인 환경문제들의 뿌리가 도시에 있다면, 버린 자식처럼 마냥 내버려둘 수도 없는 노릇이다. 전 지구적인 생태계의 위기가 곧 도시의 위기라는 사실이 분명해질수록, 인간과 자연이 조화롭게 살아가는 녹색 도시의 꿈에 대한 갈망은 더욱 커질 수밖에 없다.

메마르고 거친 도시 생활 속에서도 여전히 인간의 얼굴을 한

도시, 맑은 하늘과 숲이 어우러진 푸른 도시, 맑은 개울과 총총한 별들이 반짝이는 아름다운 도시를 얘기하고 꿈꾸는 이유이다.

〈서울신문〉 2004. 2. 16.

2
PART

우리가 지켜야
할 것들

19
CHAPTER

기후변화 시대의
육식

채식 열풍을 비웃듯 육류 소비가 해마다 늘고 있다고 한다. 재작년 국내 육류 소비량은 217만 7,900t. 국민 한 사람이 고기 43.7kg을 섭취했다는 뜻이 된다. 2009년 36.8kg에서 4년 만에 22.3%나 증가한 셈이다. 먹는 양은 돼지고기가 가장 많고 닭고기와 쇠고기는 그 절반이 약간 넘는다. 소비량 증가는 거꾸로다. 돼지고기 소비는 몇 년간 큰 변화가 없지만 닭고기와 쇠고기 소비는 계속 늘어나고 있다.

육류 소비량이 느는 것은 중국도 마찬가지다. 우리나라의 절반 수준인 1인당 쇠고기 소비량은 2008년 4.3kg에서 2012년 5.6kg으로 증가했다. 주요 소비층은 30대 이하의 젊은 층인데 이들은 샤브샤브나 한국식 불고기를 즐긴다고 한다. 중국인들이 전통적으로 돼지고기를 선호하는 식문화를 가졌다는 점을 감안하면 쇠고기 소비량의 급증은 이례적이다. 육우 사육은 대폭 줄고 있는데 소비량이 늘다 보니 쇠고기 값은 뛰고 수입량도 빠르게 늘고 있다. 13억 중국인의 고기 소비가 늘면서 전 세계 육류시장이 요동치고 있다는 소식도 들린다.

미국인 한 사람은 연간 약 37㎏의 쇠고기를 소비한다. 중국인들이 미국인들만큼 소고기를 먹게 되는 시기는 2035년쯤으로 예상된다. 그때쯤이면 쇠고기가 5,000만t가량 필요한데 이는 세계 총 소비량의 90%에 해당하는 양이다. 하지만 그건 이론적으로만 가능할 뿐 생태적으로는 상상조차 하기 어렵다. 소 사육 두수를 늘리기 위해서는 우선 사료가 충분해야 한다. 소는 다른 가축들보다 사료를 훨씬 더 많이 먹기 때문이다. 최근 중국은 사료용 곡류의 일부를 수입하고 있다. 중국의 대두 생산은 1995년 이후 거의 변화가 없었지만 사료용 대두 소비는 5배나 증가했다.

사료를 같은 양으로 먹일 경우 돼지는 소보다 2배 정도 빨리 성장한다. 중국인들이 가장 좋아하는 단백질원인 돼지고기 소비도 늘어나고 있다. 2012년 중국인들은 5,300만t에 달하는 돼지고기를 소비했다. 미국인들의 6배나 되는 양이다. 1인당 소비량은 1997년에 미국을 따라잡았고 그 후로도 상승세를 유지하고 있다. 현재 중국인 한사람이 먹는 돼지고기 양은 연간 39kg, 미국인 한사람이 먹는 양은 27kg이다.

전 세계 돼지의 절반인 약 4억 7,000만 두가 중국에서 사육된다. 수요가 증가하면서 돼지 사육은 가정이나 농장 단위에서 점차 대단위 공장형 사육으로 변화하고 있다. 돼지 밀식은 오염과 질병 전파는 물론, 얼마 전 상하이로 흐르는 강에 돼지 수천 마리의 사체를 투기한 사건의 원인으로 지목된다. 미국 육류 가공업체들이 쓰는 성장촉진제 락토파민은 중국에서는 사용이 금지되어 있다.

닭고기는 미국인이 즐겨 소비하는 육류다. 미국의 1인당 닭고기 소비량은 중국인들보다 4배나 많다. 하지만 패스트푸드점이 늘어나면서 중국에서도 닭고기 소비가 증가하고 있다. 중국인들이 미국인 수준으로 닭고기를 소비한다면 사육 닭 수는 물론 사료로 쓰이는 곡류와 대두 소비도 4배 늘어나야 한다. 최근 중국은 방목지가 감소하고 오염되면서 외국 농지와 식품 가공기업을 모두 사들이고 있다.

육류가 생산되고 소비된 후 폐기될 때까지 많은 양의 온실가스가 배출된다. 육류 소비와 연관된 온실가스 배출에서 의외로 많은 비중을 차지하는 것은 폐기 단계이다. 가정과 식당에서 소비된 육류의 20%는 고스란히 쓰레기통으로 향한다. 미국에서는 생선 40%, 칠면조 고기 31%, 돼지고기 25%, 소고기 16%, 닭고기 12%가 쓰레기로 버려져 매립되고 있다는 통계도 나와 있다. 정육점에서는 보통 5% 정도의 고기 부스러기가 쓰레기통으로 향한다.

소나 양 같은 반추동물은 이산화탄소보다 지구온난화 기여도가 25배나 되는 메탄을 배출한다. 미국에서만 60만㎢에 달하는 농지가 사료를 만들기 위해 쓰인다. 그 땅에는 7,600만㎏에 달하는 살충제가 뿌려지고 있다. 유엔 식량농업기구는 '기후변화에 맞서기 위해 개인이 할 수 있는 가장 확실한 노력은 육식을 줄이는 것'이라는 주장이 담긴 보고서를 발표하기도 했다.

일주일에 햄버거를 한 번만 덜 먹으면, 서울에서 전주까지 자가용을 왕복 운행했을 때 배출되는 온실가스 양만큼을 줄일 수 있다. 육식을 줄이고 채식을 즐기게 되면 체중 조절은 물론 필수영양소의 섭취율도 높일 수 있다고 한다. 미국에서 채식주의자와 비채식주의자들을 대상으로 1990년부터 2004년까지 조사된 「국가 건강 및 영양조사」 자료를 분석해 얻은 결론이다. 이 봄이 가기 전에 주말 점심에는 가족들과 상큼한 채소 식단을 준비해보면 어떨까.

〈전기신문〉 2014. 4. 10.

20
CHAPTER

다모클레스의 검과
카산드라의 예언

기후변화에 대응하기 위해서라도 원전을 더 건설해야 한다는 주장을 펴는 사람들이 있다. 이들은 원전 가동 과정에서 지구 온난화를 일으키는 온실가스가 적게 배출된다는 점을 강조한다. 원자력의 안전성과 경제성 신화가 무너져내리면서 원자력 카르텔이 유포시켜 왔던 논리다. 극소수에 불과하지만 환경주의자 중에서도 "원자력발전만이 지구온난화를 막을 수 있다"며 원전 찬성론자로 돌아선 이들도 있다.

위험 분석가들은 원자력발전과 기후변화를 다모클레스의 검劍과 카산드라의 예언에 비유하곤 한다. 다모클레스는 기원전 4세기경 시칠리아 시라쿠사의 왕 디오니시오스 2세의 측근이었던 인물이다. 그는 왕의 비위를 맞추기 위해 늘 입에 발린 말로 아첨했다. 하지만 속으로는 호화롭게 생활하는 왕을 질투하며 자신도 기회가 되면 권좌에 앉아보고 싶다는 꿈을 꾸고 있었다.

　다모클레스의 비굴한 태도 속에 질투와 선망이 섞여 있다는 것을 눈치챈 왕은 어느 날 그에게 이렇게 말했다. "왕이라는 자리가 그리도 좋아 보이는가? 그렇다면 내 자리에 한번 앉아 보게나." 다모클레스는 이게 웬 떡이냐 싶어 부러워하던 왕좌에 얼른 앉았다. 그때였다. 왕은 미소를 지으며 다모클레스의 머리 위를 가리켰다. 그곳에는 검 한 자루가 예리한 날 끝을 왕좌로 향한 채 한 올의 머리카락에 매달려 있었다. 혼비백산한 다모클레스는 미련 없이 왕좌에서 내려왔다. 이 비유는 원자력에 의존하는 사회는 언제 정수리로 떨어져 내릴지 모르는 검 밑에 앉아 있는 것처럼 불안하고 위태롭다는 사실을 말해준다.

　기후변화는 트로이 프리아모스 왕의 딸 카산드라의 운명에 비견된다. 카산드라는 자연과 신들이 들려주는 신성한 말들을 이해하고 앞날도 미리 내다볼 수 있는 특별한 능력을 갖고 있었다. 어느 날 카산드라가 홀로 아폴론 신전에서 밤을 보내는 일이 있었다. 그녀의 아름다움에 푹 빠져 있던 아폴론 신이 다가가 그녀를 안으려 했지만 카산드라는 완강히 저항했다. 화가 난 아폴론 신은 그녀의 예언에서 설득력을 빼앗아갔고 이때부터 그 누구도 그녀의 말을 믿지 않게 되었다.

카산드라는 트로이전쟁에서 오디세우스의 계략으로 그리스군이 남겨둔 거대한 목마를 성안으로 들여놓으면 트로이가 멸망할 것이라고 예언했다. 하지만 그 누구도 카산드라의 말에 주의를 기울이지 않았다. 아버지인 프리아모스 왕조차 딸이 실성했다고 생각했다. 결국 그녀의 예언대로 트로이는 함락되고 많은 사람들이 죽었다. 기후변화는 현재진행형이며, 이대로 가면 지구생태계는 얼마 안 가 돌이킬 수 없는 파국을 맞게 될 것이다. 하지만 과학자들의 경고를 음모론의 시각에서 받아들이거나 지금 당장 발등에 떨어진 문제는 아니라고 믿는 사람들이 의외로 많다. 그런 점에서 기후변화는 카산드라의 비극적인 운명과 닮았다.

그렇다면 카산드라의 예언을 피하기 위해 다모클레스의 검을 받아들여야 하는가라는 의문이 제기된다. 하나의 위기를 벗어나려고 다른 위기를 불러들이는 것이 과연 현명한 일일까? 2006년 3월 영국 지속가능발전위원회는 「저탄소 경제에서 원자력의 역할」이란 보고서에서 "원자력은 기후변화의 해결책이 아니다"란 결론을 내렸다. 원전 수를 2배로 늘린다 해도 2035년까지 감축 가능한 이산화탄소 배출량은 8%에 불과한 데다, 수만년 이상 관리해야 하는 핵폐기물 발생, 비싼 비용, 경직성, 에너지효율 개선 무력화, 핵물질의 무기 전용 가능성 등 단점이 장점을 압도하기 때문이라는 것이다.

기후변화 협상을 힘겹게 벌이고 있는 국제사회의 분위기도 부정적이다. 2007년 12월 발리에서 열린 제13차 기후변화당사국총회에서 일본은 원자력 에너지를 청정개발체제CDM 사업으로 인정해줄 것을 요구했지만 외면당했다. 지난달 바르샤바에서도 마찬가지였다. 국제원자력기구IAEA가 총회장에 부스를 차리고 부대행사를 열었지만, 원자력이 기후변화의 대안이라는 주장에 동의하는 사람들은 드물었다. 국제 금융기관들도 원자력에서 손을 떼고 있다. 지난 11월 27일 김용 세계은행 총재는 "원자력에 더 이상 자금을 투입하지 않을 것"이라고 밝혔다.

기후변화를 빌미로 원전을 확대하자는 주장이 먹히는 곳은 우리나라가 거의 유일하다. 원자력 카르텔의 힘이 강하고 여론 주도층이 국제사회의 흐름에 둔감한 탓이다. 우리는 기후변화의 파국을 경고하는 카산드라의 예언에 귀 기울여야 한다. 하지만 예언에 대한 바른 답은 에너지효율 개선과 재생에너지 확대이지 다모클레스의 검이 아니다.

〈전기신문〉 2013. 12. 5.

21
CHAPTER

과학과
미신 사이

2005년 7월 미국 텍사스 출신 공화당 하원의원 조 바튼은 기후 과학자 3명의 학문적 성장 과정과 연구비에 관한 자료와 함께, 연구에 사용했던 데이터와 컴퓨터 프로그램들까지 전면 공개하라고 요구했다. 과학자들이 바튼의 표적이 된 데는 그만한 이유가 있었다. 이들이 발표한 연구 결과는 기후변화에 관한 정부간 협의체IPCC가 2001년 발간한 3차 보고서에 많은 영향을 주었기 때문이다. IPCC 3차 보고서는 기후변화를 부정하는 부시 행정부의 정책을 세계인들의 비웃음거리로 만들었다.

바튼의 압박에도 해당 과학자들이 타협하지 않자 기후연구는 정쟁의 소용돌이 속으로 빠져들었다. 민주당 의원들은 과학자들에 대한 무차별적인 공격을 철회하라는 요구로 공화당에 맞섰다. 과학자 단체들에서도 표적이 된 기후과학자들을 보호해야 한다는 여론이 들끓기 시작했다. 미국 국립과학재단과 국립과학아카데미 의장단 등이 과학자들에 대한 지지를 선언하고 나섰다.

바튼의 공격을 받았던 과학자들은 이른바 하키스틱 이론의 창시자들이었다. 이들은 지난 1,000년 동안의 지구 기온의 변화를 나타낸 그래프를 발표해 주목을 받았다. 기온이 900년 이상 큰 변화를 보이지 않다가 20세기 후반 들어 가파르게 상승하는 그래프의 모습은 하키 스틱과 매우 비슷했다. 이 그래프가 공개되면서 지구온난화가 빠르게 진행되고 있다는 주장이 설득력을 얻기 시작했다. 이때부터 하키스틱 곡선은 지구온난화를 입증하는 표상表象의 구실을 하게 된다.

하키스틱 곡선을 둘러싼 논쟁이 종교전쟁처럼 격렬한 양상을 띠기 시작한 건 2001년부터다. 이 곡선은 지구온난화를 주장하는 과학자들이 선진국들에게 교토의정서 비준을 촉구하면서 활용했던 가장 중요한 논거였다. 우여곡절 끝에 2004년 11월 러시아의 서명을 계기로 교토의정서는 2005년 2월부터 효력을 갖게 되었다.

하지만 교토의정서가 발효된 이후에도 논쟁은 지속되었다. 부시 행정부와 밀월관계에 있던 석탄산업과 석유재벌들은, 지구온 난화를 부정하는 과학자들을 지원하는 데 막대한 돈을 쏟아부 었다. 케네디 대통령의 조카인 로버트 케네디 주니어는 친기업 성향의 과학자들을 '기업에 매수된 사기꾼들의 작은 군대'라고 비난했다. 비난은 상대 진영에서도 쏟아졌다. 기후변화를 경고 하는 연구자들 가운데 일부는 자신들의 연구와 소속기관을 위 한 후원금 확보를 위해 충격적인 기후변화 시나리오를 만든다는 것이다.

기후변화가 단지 자연 변동의 일부에 불과한 것인지, 아니면 인간의 활동이 영향을 미친 것인지는 더 이상 논란거리가 아니 다. 과학자들의 의견은 후자 쪽으로 수렴되고 있다. 지구온난화 는 가상 현실이 아니라 실제 상황이며 인간의 영향이 개입된 문 제라는 주장은, 충분한 자료와 과학적 근거에 의해 뒷받침되고 있다. 얼마 전 IPCC가 발표한 제5차 보고서의 결론은 '지구온난 화의 주된 원인이 인간의 활동일 가능성은 95% 이상이다'라는 것이다.

그럼에도 신중한 접근이 필요한 이유는, 누구도 미래를 정확 히 예측할 수 없으며 과학 역시 절대적인 진리를 확약하는 보증 수표는 아니기 때문이다. 과학은 근본적으로 불확실성을 내포 하고 있다. 따라서 과학자들에게 부여되는 전문가라는 호칭의 의미도 매우 제한적일 수 있다. 어떤 경우에는 과학자들이 되레 과학적 논증을 회피하거나 무시하기도 하며, 시민들이 생활 속에서 체득한 지식이 과학자들의 전문성을 압도하기도 한다.

과학자들이 과학을 배반하거나 거꾸로 과학이 과학자들을 배반한 사례는 많다. 2004년 1월 서울대 교수 63명이 관악캠퍼스 부지 내에 핵폐기장을 유치하자는 건의문을 발표했던 일이 대표적이다. 그들은 핵폐기장 부지 선정에서 가장 중요한 판단기준이 지질학적 안정성이라는 기초적인 과학상식조차 외면했다. 삶의 지식이 과학자들의 전문지식이 지니는 결함을 보완하는 경우도 비일비재하다. 수년 전 새만금 어민들이 만들었던 '새만금 갯벌 생태지도'는 구전으로 내려왔던 독특한 갯벌의 이름들과 그곳에서 나는 다양한 어패류 분포를 한눈에 보여주었다.

우리나라에서 전문가를 자처하는 사람들은 유전자 조작식품의 안전성, 핵발전소의 사고 가능성, 송전탑 고압 전류의 암 유발 가능성 등에 대한 문제제기를 단지 과학기술에 대한 무지의 소산으로 몰아붙이는 경향이 있다. 과학기술은 일정한 훈련 과정을 거친 전문가들만의 영역이라고 생각하는 전문가주의의 덫에 사로잡혀 있기 때문이다. 하지만 불확실성을 인정하지 않는 과학과 미신 사이의 거리는 매우 짧다는 사실을 알아야 한다.

〈전기신문〉 2013. 10. 10.

22
CHAPTER

'인간'을 도외시한
불산 누출사고 대응

자정을 막 넘긴 시각이었다. 저장탱크 콘크리트에 균열이 생기면서 어둠 속으로 27t이 넘는 유독가스가 새어나오기 시작했다. 1차 세계대전 때 독가스로 쓰인 포스겐과 시안화 가스가 섞인 맹독성 가스 메틸이소시아네이트였다. 공기보다 무거운 가스는 바람이 불지 않는 날씨 탓에 지상에 낮게 깔린 채 도시의 구석구석으로 스며들었다. 아무것도 모른 채 깊은 잠에 빠져 있던 사람들은 바늘로 찌르는 듯한 통증과 질식감을 느끼며 깨어났다.

　사람들은 조금이라도 멀리 도망치려고 혼신의 힘을 다해 달렸지만 소용없었다. 가스가 퍼져나가는 속도를 도저히 따라잡을 수 없었기 때문이다. 무겁게 가라앉은 가스는 키가 작은 아이들부터 덮쳤다. 주민들은 하나둘씩 극심한 호흡곤란과 폐부종 증상을 보이며 죽어갔다. 그날 아침에만 2,000여 명이던 사망자 수는 시간이 흐를수록 눈덩이처럼 불어나 불과 사흘 만에 1만 명으로 불어났다. 도시 곳곳에서 집단매장과 화장으로 악취가 코를 찌르고 시신들은 인근 나르마다 강에 던져졌다. 아우슈비츠가 따로 없었다. 1984년 12월 3일 미국계 회사 유니언카바이드의 살충제 제조공장에서 발생했던 인도 보팔 대참사 장면이다.

구미에서 일어난 불산가스 누출사고는 보팔 대참사와 여러모로 닮았다. "동네가 아수라장이야. 고함지르고 울고불고 살아 있는 사람은 소리 지르고 완전히 전쟁터였어"라는 봉산리 주민들의 증언 때문만은 아니다. 두 사고는 피해 규모에서는 차이가 있지만 발생원인과 대처방식에서는 놀라울 만큼 비슷한 점을 보인다. 보팔 사고는 냉각시스템과 경보기, 세정기 등 안전장치들이 잇달아 무력화되면서 발생했다. 안전시스템이 작동하지 않은 이유는 현지 인도인 노동자들이 영어로 된 기기 매뉴얼을 이해하지 못해서였다.

구미 휴브글로벌 현장에서도 매뉴얼은 갖춰져 있었다. 제대로 지켜지지 않았을 뿐이다. 공기와 접촉하면 불산으로 변하는 불화수소 가스는 소량만으로도 인체와 환경에 치명적인 영향을 주는 독극물 중의 독극물이다. 하지만 누구도 안전장비를 착용하지 않았을뿐더러, 가스가 수시로 새어나올 수 있는 상황에서도 최소한의 관리감독조차 이루어지지 않았다.

커다란 구멍은 정보공개에서도 뚫려 있었다. 보팔 주민들은 대부분 유니언카바이드 공장이 독가스처럼 위험한 물질을 다루고 있는지조차 모르고 있다가 참변을 당했다. 구미 주민들도 마찬가지다. 환경부의 화학물질 배출량 조사·공개 시스템은 종업원 30인 이상인 업체에만 적용된다. 종업원 수가 적은 휴브글로벌이 목록에서 빠질 수 있었던 이유다. 종업원 10인 이상의 사업장을 대상으로 화학물질 배출량 조사를 하는 미국 기준이 적용됐더라면 사정은 달라졌을 것이다.

허술한 사고수습으로 피해를 키웠다는 점도 별반 다르지 않다. 보팔에서는 참사 발생 후 갖가지 유언비어가 떠돌았다고 한다. 인도 정부가 공장 출입을 제한하면서 정보를 공개하지 않아 혼란을 가중시켰기 때문이다. 주민들이 입은 건강 피해와 관련된 정보는 1994년에야 공개가 허용됐다. 구미에서는 초기 부실 대응이 화를 키웠다. 놀라운 것은 국립환경과학원의 안이한 판단으로 대피했던 주민들을 귀가 조치시켰다는 사실이다. 정밀기기를 갖췄음에도 간이검사만 하다가 정밀검사는 사고 발생 12일 만에 착수했다. 생명과 건강을 귀하게 여기는 국가에서라면 있을 수 없는 일이다.

국내에서 유통되고 있는 화학물질 수는 4만 3,000여 종이다. 전 세계적으로 매년 신규 화학물질 400여 종이 시장에 진입한다. 따라서 화학물질 사고를 완벽하게 예방하는 일은 불가능할지도 모른다. 문제는 국제기준에 견줘 한참 떨어지는 한국의 관리수준이다. 유통되는 화학물질의 85%가 유해정보조차 없는 상태인 데다, 사고 관리시스템도 유럽의 중대사고 보고시스템인 마스MARS를 따라잡으려면 아직 멀었다. 하지만 정책 개선보다 중요한 것은 '인간의 얼굴'을 한 국가의 철학을 세우는 일이다. 그건 "소가 상당히 고통이 심했어요. 사람이 그렇게 아픈데 얼마나 아팠겠어요"라는 주민들의 심정을 헤아리는 것에서 출발해야 한다.

〈경향신문〉 2012. 10. 12.

23
CHAPTER

야노마미족 학살의
방조자들

지난달 29일, 불에 타 나뒹구는 80여 구의 주검 소식이 활자와 전파를 타고 전 세계로 퍼져나갔다. 헬리콥터까지 동원해 야노마미족 마을에 불을 지른 사람들은 '가림페이루'. 금광을 찾아 헤매는 브라질의 불법 광산업자들이다. 지난 수십 년간 야노마미족이 이들에게 살해된 사건은 알려진 것만 30여 건에 이른다. 하지만 지금까지 정확히 몇 명이 목숨을 잃었는지는 알 수 없다. 사람이 죽으면 화장을 해 흔적을 없애는 풍습 때문이다.

야노마미족은 1,000년 동안 아마존과 오리노코 강 유역의 열대우림과 산악지대에 흩어져 살아왔다. 지금은 2만 9,000명 정도가 로라이마, 아마조나스, 베네수엘라 영토에 150개 집단을 형성하고 있다. 이번 사건은 1993년 세상을 떠들썩하게 했던 '핵시무 학살'과 유사하다. 그때도 가림페이루들은 야노마미 원주민 16명을 죽이고 마을을 불태웠다. 살해된 사람들은 대부분 어린아이와 노인들이었다.

야노마미족의 땅에 골드러시의 바람을 몰고 온 것은 1970년대 브라질을 통치했던 군부다. 군사독재정권은 금을 포함한 광물자원의 가치를 파악하기 위해 '라담브라질'이라는 대규모 조사 프로젝트를 추진했다. 이 조사를 통해 브라질의 너른 땅이 구석구석 항공사진으로 찍혔고, 사진들은 분석에 사용됐다. 1970년부터 15년간 조사한 브라질 정부는 광물을 본격 채굴할 수 있는 채비를 갖췄다. 때마침 금값도 천정부지로 뛰기 시작했다. 국제 금 시세는 1970년부터 1980년까지 무려 17배나 올랐다.

일확천금을 꿈꾸는 가림페이루들이 야노마미족의 땅으로 몰려든 것은 당연한 일이었다. 기록을 보면 1980년까지 약 5,000명이 '후로 드 산타로자'라는 마을로 이주했다고 한다. 이들은 대부분 궁핍한 도시 실업자와 땅을 갖지 못한 농업 노동자들이었다. 가림페이루들은 정글 속에 가설활주로를 닦은 후 경비행기를 이용해 광산으로 접근했다.

1985년 브라질 정부가 비밀리에 추진한 '북방회랑Calha Norte' 프로젝트도 야노마미족을 사지로 내몬 것으로 악명이 높다. 브라질 육군은 북부 국경지대의 안보와 지역 간 통합을 명분으로 6,500km의 도로를 건설하기 시작했다. 의회와 타 부서조차 모르게 추진된 이 사업의 진짜 목적은, 벌목과 광물자원 채굴에 투자할 사람들을 끌어모으고 도로 인근지역에 농장주와 농민들을 정착시키려는 것이었다. 하지만 그 결과는 끔찍했다. 1,500명에 달하는 원주민들이 건설노동자들이 옮겨온 말라리아, 결핵, 천연두 등에 걸려 목숨을 잃었기 때문이다.

우리에겐 「아마존의 눈물」로 친숙해졌지만, 야노마미족의 삶이 세상에 알려지게 된 것은 미국의 인류학자 나폴레옹 섀그넌의 책과 필름을 통해서다. 1968년 섀그넌은 인류학계 최고의 베스트셀러 『야노마뫼─사나운 민족』을 출간했다. 수년간 야노마미족을 관찰한 결과를 담은 이 책은 인류학자들 사이에서 격렬한 논란을 불러일으켰다. 야노마미 원주민들을 잔인하고 호전성이 강한 종족으로 묘사한 탓이다. 더구나 섀그넌은 야노마미족이 결투나 전쟁을 하는 이유를 대부분 '여자' 때문이라고 결론지었다.

하지만 일부 인류학자들은 반론을 폈다. 야노마미족의 폭력성은 섀그넌이 자신의 연구에 협력한 대가로 칼과 도끼, 권총 등을 제공한 후에 나타난 게 아니냐는 것이다. 야노마미족을 '무서운 전쟁 유발자'로 묘사함으로써 결과적으로 국제사회의 우호적인 감정에 찬물을 끼얹고 불법 광산업자들의 무력 사용을 정당화했다는 비판도 제기됐다. 새그넌은 심지어 "우월한 남자들이 더 많은 여자들을 갖는다"고 주장했다. 그는 이 주장으로 나치의 그것과 흡사하다는 비난을 들었다.

야노마미족이 직면한 비참한 현실은 원시성을 상실한 문명의 야만을 아프게 성찰케 한다. 나무를 베고 금을 캐기 위해 원주민들이 마시는 식수에 수은을 풀고 마을을 불태우는 사람들, 가림페이루의 불법행위를 단속하기는커녕 오히려 학살을 방조하고 부추기는 정부, 그리고 그들의 죽음은 곧 세상의 멸망을 뜻한다는 사실에 눈감는 우리들. 파괴되고 있는 원주민들의 삶과 인권은 현대문명의 끔찍한 모습을 거울처럼 비춰주는 것이다.

〈경향신문〉 2012. 9. 7.

24
CHAPTER

가뭄은 곧
'밥'의 문제다

여름은 옥수수의 계절이다. 4월에 파종해 7월에 수확한 햇옥수수를 한입 베어 물면 쫀득쫀득한 맛이 그만이다. 옛날에는 옥수수를 강냉이라 불렀다. 커다란 가마솥 앞에서 소사 아저씨가 퍼주는 강냉이죽을 받아먹었던 사람들에게 노란 옥수수가루는 배고팠던 시절의 아릿한 아픔으로 기억된다. 생육기간이 짧은 옥수수는 한 해에 두 번 재배할 수 있다. 비만 적당히 뿌려주면 농민들이 짭짤한 수입을 올릴 수 있는 이유다.

옥수수를 처음 재배한 사람들은 선사시대 중남미 원주민들이었다. 콜럼버스와 같은 탐험가들이 유럽으로 종자를 가져간 후 세계 전역으로 퍼져 나갔다. 옥수수는 다른 곡류에 비해 영양가가 떨어지는 작물이다. 그래서 주식으로 먹게 되면 수용성 비타민인 니아신 부족으로 펠라그라라는 질병에 걸리기 쉽다. 옥수수는 올멕Olmec족이 개발했다는 특수한 조리법을 써야 영양가도 높아지고 반죽도 부드럽게 된다. 멕시코 서민들이 즐겨 먹는 토르티야는 옥수수를 반죽해 만든 둥글고 납작한 무발효 빵이다.

여름철 대표 간식 옥수숫값이 천정부지로 치솟고 있다. 미국 중남부를 강타한 극심한 가뭄으로 세계 곡물시장에서 옥수수 가격은 40%나 올랐다. 비가 내리지 않아 수확량이 예년보다 30% 이상 감소할 것으로 예측된 탓이다.

미 연방정부는 21개 주 1,200개 카운티를 재난지역으로 선포하고 농민들에게 특별자금을 지원한다지만 역부족이다. 낮 최고기온이 38℃를 오르내리는 일리노이와 아이오와에서는 누렇게 타들어간 옥수수 줄기가 아예 땅바닥에 말라붙을 정도라고 한다. 가히 옥수수의 '수난시대'다.

전 세계에서 거래되고 있는 옥수수의 절반 이상은 미국에서 생산된다. 미국은 밀과 콩 수출에서도 세계 챔피언이다. 문제는 옥수수가 가축 사료의 주원료라는 점이다. 가축을 기르는 농가들은 연방환경청에 정유회사들의 휘발유와 에탄올 혼합 의무를 면제해달라고 요구하고 있다. 옥수수 가격 폭등에는 에탄올 생산도 책임이 있다고 보기 때문이다. 미국에서 재배된 옥수수의 약 40%는 에탄올 제조에 사용된다.

이미 일부 지역에서는 사룟값 상승을 견디다 못해 기르던 돼지와 소를 도살하는 농가가 줄을 잇고 있다. 가뭄은 세계의 모든 국가가 겪어왔던 보편적인 현상이다. 최초의 가뭄 기록은 고대 메소포타미아의 길가메시 서사시에서 발견된다. 수메르 남부의 도시국가 우루크의 전설적인 왕 길가메시는 숲을 지키는 신 훔바바를 죽이고 울창한 삼나무를 베어버렸다. 그는 곧이어 닥쳐온 가뭄의 신은 용케 물리쳤지만 엄청난 홍수까지 피할 수는 없었다. 길가메시는 사랑과 전쟁의 여신 이슈타르의 유혹을 거절한 대가로 그녀가 보낸 하늘 황소와 겨루게 되는데, 하늘 황소가 상징하는 것은 가뭄이다.

기원전 4세기경 수메르 남부의 우르Ur는 가뭄으로 멸망한 최초의 왕조였다. 지독한 가뭄으로 유프라테스 강의 물길이 바뀌고 드넓은 농경지가 불모의 땅으로 변해갔다. 당시의 지배계급은 염분에 약한 밀을 포기하고 소금기에 강한 보리를 심도록 권장했다. 하지만 땅이 소금기로 덮이면서 식량 가격이 60배 이상 뛰었다는 기록이 있다.

"논은 어떻게 돼가니?"

"어떻게라니요. 인젠 다 틀렸어요. 풀래야 풀 물도 없고, 병아리 오줌만 한 봇물도 중들이 죄다 가로막아 넣고, 제어기……."

김정한의 『사하촌寺下村』에 등장하는 치삼 노인과 아들 들깨의 대화 한 토막이다. 가뭄은 성동리 주민과 보광사의 갈등을 극대화해 보여주기 위한 장치로 설정된다. 가뭄으로 사람들의 심기가 강퍅해져 물싸움을 벌이는 이유는 그것이 '밥'의 문제이기 때문이다.

국내에서도 104년 만의 가뭄이 끝나자마자 찾아온 장마와 태풍으로 채솟값이 급등하고 있다. 조선 시대에는 가물면 임금과 관리들은 소임을 다했는지 반성하고 기우제를 지내 하늘의 노여움을 풀고자 했다. '밥'이 위태로워진 시대, 서민들의 고통은 누가 헤아려줄 것인가.

<경향신문> 2012. 7. 26.

25
CHAPTER

다시 생각하는
'성장의 한계'

1972년 스위스 장크트갈렌대학에서의 일이다. 작은 강당은 세계 각지에서 몰려든 참가자 수백 명의 열기로 점점 뜨거워졌다. 국제학생위원회가 68학생운동의 대안을 찾자는 취지로 마련한 심포지엄이 열리고 있었던 것. 연설과 토론이 거듭됐지만 사람들의 갈증은 좀처럼 채워지지 않는 듯했다. 시간이 흘러 모두 지쳐갈 때쯤이었다. 누군가 보고서 한 권을 들고 단상에 올랐다. 발표가 시작되자마자 강당은 깊은 침묵 속으로 빠져들었다.

　나중에 로마클럽이 「성장의 한계」라는 제목을 붙여 책으로 발간한 이 보고서는 독일의 자동차 회사 폴크스바겐 재단의 재정지원으로 작성됐다. 지금까지 37개국 언어로 번역돼 총

1,200만 부가 팔려나갔다.

'연못에 수련이 자라고 있다. 수련이 하루의 갑절로 늘어나는데 29일째 되는 날 연못의 반이 수련으로 덮였다. 아직 반이 남았다고 태연할 것인가. 연못이 수련으로 뒤덮이는 날은 바로 내일이다.'

이 구절은 기하급수적으로 증가하는 인구와 브레이크 없는 경제성장이 가져올 결과를 상징적으로 보여주는 비유다. 지구가 수용할 수 있는 능력이 제한된 한 기술혁신은 위기를 지연시킬 수 있을 뿐이다. 오직 성장을 멈춰야 파국을 막을 수 있다는 것이 보고서에 담긴 내용이었다.

『성장의 한계』는 발간되자마자 큰 반향을 일으켰다. 성장론자들에게 이 보고서는 기술진보에 따른 '한계의 성장'을 도외시하는 신맬서스주의자들의 난센스에 불과했다. 공격은 이 보고서의 비관적인 결론이 적절치 못한 가정과 불충분한 자료에서 비롯되었다는 데 집중됐다.

좌파 이론가들도 비판에 가세했다. 서구 산업자본가와 다국적기업의 이해관계를 대변하는 로마클럽이 위기의 원인을 인구성장 탓으로 돌려 자원약탈과 식량독점과 같은 자본주의의 폐해를 은폐하려 한다는 것이다.

그렇다면 로마클럽의 예언은 빗나간 것일까. 판정은 아직 이르다. 오늘날 세계는 성장의 한계까지는 아닐지라도 '값싼' 성장의 한계에는 도달했음이 확실하다. 2011년 브렌트유 가격은 배럴당 평균 111달러였다. 150여 년 전 미국 펜실베이니아 타이터스빌에서 세계 처음으로 현대식 유정油井이 굴착된 이래 가장 높은 수준이다.

유가는 시간이 흐르면서 배럴당 100달러 위아래로 등락을 거듭하고 있지만, 과거처럼 배럴당 40달러 수준으로 떨어지는 것은 불가능하다는 사실이 분명해지고 있다.

국제에너지기구IEA의 수석이코노미스트 패티 비롤 박사의 발언은, 위기가 이미 현재진행형이라는 사실을 말해준다. 그는 세계의 주요 유전들에서 원유 생산량이 정점을 지나 감소하고 있으며, 세계경제가 회복되는 과정에서 석유수요 증가로 유가가 급등할 것이라고 주장했다. 비롤 박사에 따르면, 현대문명이 의존하고 있는 석유자원의 고갈 속도가 과거의 예측보다 빨라지고 있으며, 석유 생산량은 향후 10년 이내에 최고치를 기록한 후 점차 감소하게 된다. 그는 "석유가 우리를 버리기 전에 우리가 먼저 석유를 떠날 준비를 해야 한다. 시작은 빠르면 빠를수록 좋다"고 말했다.

식량 위기도 불길한 신호 중 하나다. 과거에는 식량배분의 왜곡이 빚어낸 상대적인 위기였다면, 최근에는 소비량이 생산량을 앞질러 절대적인 위기 양상을 보이고 있다. 식량 위기의 전조는 식량가격 상승이다. 2011년 식량가격 지수는 228포인트를 기록해 종전 최고기록을 3년 만에 갈아치웠다. 이 지수는 식량가격이 불과 6년 만에 2배 이상 상승했음을 보여준다.

더욱 숨 막히는 것은 우리 앞에 놓인 기후변화 시간표다. 지구 기온이 산업화 이전보다 2℃ 이상 오르는 걸 막으려면 2017년 이후부터는 전 세계 온실가스 배출량이 줄기 시작해야 한다. 그런데 지금으로서는 그 가능성이 전혀 없다. 성장의 한계는 지구 대기권이 온실가스를 무한정 받아들일 수 없다는 사실로 증명된다.

그렇다면 지금의 위기는 기술진보로 해결될 수 있을 것인가. 1865년 영국의 경제학자 윌리엄 제번스는 '기술이 발전해 효율이 높아지면 에너지 소비가 준다고 생각하는 것은 완전한 착각이다. 사실은 도리어 소비가 증가한다'고 썼다. '제번스의 역설'로 불리는 이 현상의 비밀은 욕망의 무한증식에 있다. 서머타임제를 도입하면 에너지 소비가 줄어든다지만 문제는 그렇게 간단치 않다. 낮에 아낀 에너지는 저녁 활동이 늘어나면서 상쇄된다. 자동차 연비가 좋아진다 해서 시간과 연료를 저절로 아낄 수 있는 것은 아니다. 고효율 자동차 덕분에 마음이 놓인 사람들은 더 자주 더 멀리 자동차를 몰고 다닌다.

따라서 우리는 녹색기술을 지렛대 삼아 더 많이 성장할 수 있다는 낙관주의에서 벗어나야 한다. 기술진보와 욕망의 함수관계를 풀지 않는 한 인류에게 밝은 미래는 없다.

<경향신문> 2012. 5. 31.

26
CHAPTER

기상이변 '땜질식 처방'은
이제 그만

산사태로 시뻘건 진흙더미가 쏟아져 내려 자동차와 집과 사람들을 순식간에 집어삼킨다. 도로들은 휴짓조각처럼 구겨지고 차오른 물에 떠다니던 자동차들은 주저앉은 지붕 끝에 걸려 있다. 수백 개의 신호등이 한꺼번에 꺼지면서 자동차들이 뒤엉키고, 정전과 통신장애로 은행 업무가 마비된다……. 다른 나라 얘기가 아니다. 2011년 7월 마지막 주 대한민국의 수도 서울, 경기, 강원 일원에서 벌어진 일이다.

7월 26일 시작된 집중호우는 28일까지 이어지면서 강수량 관련 각종 기록을 갈아치웠다. 사흘간 서울에 내린 비는 무려 536㎜에 달해 사흘간 누적 강수량으로는 1907년 기상 관측이 시작된 이래 가장 많았다. 사흘 가운데 특히 7월 27일에 쏟아진 폭우는 서울, 동두천, 문산, 인제 등에서 7월 하루 강수량으로는 관측 이래 최대치를 기록했다는 소식이다. 북한도 예외는 아니었다. 같은 기간 황해도와 함경남도 남부 지방을 중심으로 300㎜ 이상의 많은 비가 내려 6,000명 이상의 이재민이 발생했다.

문제는 앞으로 더 큰 국지성 호우가 올 수도 있다는 점이다. 최근 들어 여름비가 내리는 양상은 과거와 뚜렷하게 달라졌다. 7월 장마전선이 소멸한 뒤로도 국지성 호우는 수시로 내린다. 2010년 8월 전국 평균 강수량은 6~7월 평균 강수량보다 많았다. 1980년을 기점으로 8월에 내리는 비의 양은 그 이전에 비해 25%나 증가했다. 기상청이 2008년부터 장마 예보를 하지 않은 것도 이 때문이다.

또 다른 문제는 폭우와 집중호우 등 극한 강수가 갈수록 더 자주 나타나고 있다는 것이다. 1970년대 서울과 부산 등 우리나라 주요 9개 도시에서 하루에 80㎜ 이상 쏟아지는 호우 발생 횟수는 143회였다. 하지만 1980년대에는 178회, 1990년대에는 206회, 2000년대에는 239회로 걷잡을 수 없이 늘어나는 추세다.

한반도만이 아니다. 특히 2011년은 전 세계적으로도 재난의 역사를 다시 쓴 해였다. 상반기에만 전 세계적으로 발생한 자연 재해 피해액은 2,650억 달러(약 270조 원)를 기록했다. 가장 큰 피해를 낸 자연재해는 2011년 3월 일본열도를 강타했던 지진해일. 피해액 2,100억 달러, 사상자 1만 5,500명, 실종자 7,300여 명으로 피해 규모 면에서 단연 선두다. 2위는 약 200억 달러의 피해액을 기록한 뉴질랜드 지진, 3위는 미국 남동부를 폐허로 만든 토네이도였다.

최근 발생한 기상이변들은 현대 인류사에서는 경험하지 못했던 사례들이 대부분이다. 2003년 여름 유럽에서 발생한 불볕더위로 약 7만 명에 달하는 추가 사망자가 발생했다. 2005년 미국 뉴올리언스를 강타한 허리케인 카트리나는 도시의 절반을 수장시켰다. 피해액은 1,600억 달러로서 9·11테러 피해액의 8배나 된다. 2010년 여름 파키스탄은 홍수로 전 국토의 5분의 1가량이 물에 잠겼다. 수천 동의 학교와 병원이 침수되고 약 220만 헥타르의 농지가 폐허로 변했다. 이재민 수는 약 2,000만 명에 달했다. 2012년 겨울 호주에서는 100년 만에 찾아온 대홍수로 프랑스와 독일을 합친 것과 맞먹는 광활한 면적이 물에 잠겼다. 이제 기상이변은 더 이상 '이변'이 아니다. '뉴 노멀New Normal', 다시 말해서 '일상 기후'의 일부가 된 것이다.

자연재해 피해의 증가와 지구온난화의 연관성은 아직 충분하게 입증되지 않은 상태다. 지구온난화로 더워진 열대 지역의 바닷물과 대기가 태풍이나 허리케인 같은 열대폭풍의 강도를 증가시킨다는 연구 결과는 많다. 하지만 과학계에서는 아직 확실한 결론을 내리지 못하고 있다. 열대폭풍의 강도 변화가 온실가스 증가에 따른 기후변화 때문인지 아니면 자연적인 변동의 결과인지를 구분하는 것은 쉽지 않다. 현재의 과학 수준은 과거에 불어온 열대폭풍의 강도 변화를 추적하고 그것에 영향을 미치는 몇 가지 환경 요인을 선정해 앞으로 수십 년간 열대폭풍의 횟수, 세기, 경로 등을 예측하는 모델을 구축하는 것이다. 하지만 아직은 열대폭풍의 활동을 재현할 만큼 충분한 데이터와 정확성을 확보하지 못하고 있다.

과학자의 일부는 기상이변 증가의 원인으로 조심스럽게 지구온난화를 지목하기도 한다. 지구온난화를 빼고는 급증하는 이상기후의 횟수와 강도를 설명할 방법이 없다는 것이다. 이와 같은 주장으로는 2010년 저명한 학술지인 「네이처 지오사이언스」에 발표된 논문이 대표적이다. 논문을 발표한 미국, 호주, 중국, 인도, 일본의 기상학자들은, 기후변화가 가속화하면서 세기가 약한 허리케인은 드물게 발생하지만 강력한 허리케인의 발생 가능성은 높아진다고 주장했다. 미국 매사추세츠 공과대학MIT 기상학 교수인 케리 에마뉘엘 교수에 따르면, 풍속이 11% 증가하면 허리케인의 파괴력은 60%가량 증가한다. 지표면과 해수면 온도 상승이 맞물릴 때 우리나라에도 강풍과 함께 하루 1,000mm 이상의 폭우를 동반한 '슈퍼 태풍'이 몰아칠 가능성이 크다는 경고도 나오고 있다.

2011년 중부 지방에 쏟아진 유례없는 폭우는 한반도 주변의 정체된 기압계와 대기 불안정으로 좁은 지역에 많은 양이 집중된 것이 특징이다. 서울만 해도 시간당 최고 60mm 안팎의 비가 내린 곳이 있지만, 관악구 등 일부 지역에서는 한 시간에 110mm가 넘는 폭우가 쏟아졌다. 당시 기상청은 집중호우의 원인으로 북태평양 고기압의 가장자리를 따라 따뜻하고 습한 공기가 남서풍을 타고 유입된 데다 대기 중·하층의 건조한 공기가 유입되며 불안정해진 대기를 꼽았다.

기후변화로 우리가 입게 될 피해는 침수나 산사태에 그치지 않는다. 지구온난화의 어두운 그림자는 상상을 초월하는 '물 폭탄'만이 아니다. 여름철 집중호우가 휩쓸고 지나간 자리에서 우리를 기다리고 있는 것은 불볕더위다. 불볕더위는 집중호우보다 스펙터클한 재난 상황을 연출하지도 않고 재산 피해도 적게 입힌다. 그래서 사람들의 관심이 홍수에 견줘 적은 편이다. 하지만 훨씬 많은 사람의 목숨을 앗아가고 있다.

불볕더위가 계속되면 심장 질환, 당뇨병, 고혈압 등의 질환을 앓고 있는 사람들이 사망할 가능성이 커진다. 2012년 여름 국립기상연구소가 1901년부터 2008년까지 기상재해에 따른 우리나라 연간 사망자 수를 조사해 발표한 결과를 보면, 1위는 1994년 폭염(3,384명)으로, 1936년 태풍(1,104명 사망), 2006년 홍수(844명)에 비해 피해가 훨씬 컸다. 미국의 경우에도 1940년부터 2011년까지 연평균 폭염사망자 수는 119명으로, 허리케인으로 목숨을 잃은 114명보다 많았다. 2050년이 되면 서울지역 폭염 사망자가 최다 3,748명까지 늘어난다는 연구 결과도 있다.

불볕더위의 일차적인 피해자는 65세 이상 노년층과 설사, 호흡기 감염, 신경계 질환을 앓고 있는 어린이들이다. 특히 가난하고 가족으로부터 고립된 홀몸 노인들일수록 불볕더위에 취약하다. 2010년 여름 기후변화행동연구소가 폭염이 쪽방촌 거주 노인들의 건강에 미치는 영향을 조사한 결과, 불볕더위 발생 기간 중 건강 이상을 느낀 경험이 있는 사례는 72%가 넘었다.

그렇다면 집중호우와 불볕더위가 번갈아 나타나는 기후변화에 맞서 우리는 무엇을 해야 할까. 가장 먼저 해야 할 일은 누가, 어디에서, 어떤 피해를 보게 될 것인지 가능한 한 정확하게 파악하는 일이다. 폭우, 태풍, 불볕더위 등 재해별로 취약지역과 취약계층을 가려내 한눈에 볼 수 있도록 전국을 대상으로 재해지도를 촘촘하게 만들어야 한다. 위기는 과거의 낡은 가치관과

시스템으로는 변화된 현실을 뒤쫓아 갈 수 없을 때 발생한다. 위기의 시대에 절실한 것은 이웃에 대한 연대의식과 사회안전망이지 땜질식 마구잡이 처방이 아니다.

〈주간경향〉 2011. 8. 9.

27
CHAPTER

가난한 사람 지갑 터는
대기오염

영어로 '분위기'를 뜻하는 단어와 '대기'를 뜻하는 단어는 같다. "공기가 오염돼 숨쉬기가 힘들다!"와 "분위기 칙칙해서 살맛 안 난다!"는 표현은 서로 밀접한 관계에 있다는 뜻이다. 특히 환경 보건의 관점에서 보면 공기는 모든 생명체에 '살맛'을 제공해주는 필수요소다.

세계보건기구WHO의 연구에 따르면 해마다 대기오염으로 목숨을 잃는 사람들의 수는 에이즈AIDS와 말라리아 사망자 수를 합한 것보다 많다. 여기에는 실내 공기오염에 따른 사망자 350만 명과 실외 대기오염 사망자 330만 명이 포함된다.

대기오염은 경제적인 불평등과 떼놓을 수 없는 문제다. 세계

자원연구소WRI가 주요 국가들의 대기오염 자료를 분석한 결과, 선진국에서는 대기오염물질의 배출이 줄고 있지만 개발도상국에서는 증가하고 있는 것으로 나타났다. 대기오염은 개발도상국 도시 주민의 건강을 위협하는 가장 무서운 요인에 속한다. 특히 급속한 산업화와 도시화를 겪고 있는 아시아가 문제다. 대기오염으로 죽어가는 사람들의 3분의 2는 아시아에서 발생하고 있다. 우리나라는 인구 100만 명당 대기오염으로 사망하는 인구 수가 중국과 인도와 비슷하지만 일본은 우리나라의 절반 정도 수준이다.

환경과 건강을 위협하는 대기오염물질은 질소산화물, 미세먼지, 오존, 휘발성 유기화합물, 중금속 등 셀 수 없을 정도로 많다. 대부분 자동차가 내뿜거나 화력발전소와 중금속을 사용하는 산업공정에서 발생한다. 대기오염으로 발생하는 사망자를 줄이려면 많은 노력이 필요하다. 이 노력은 단지 오염물질의 제거와 같은 기술적 해결책만 의미하지는 않는다. 더욱 중요한 것은 오염원 자체를 줄여 피해 가능성을 사전에 차단하는 것이다. 자가용 위주의 교통체계를 대중교통 중심으로 바꾸고 에너지와 자원을 낭비하는 산업구조를 과감하게 변화시켜야 한다. 많은 비용이 드는 것도 아니다. 공기가 깨끗해지면 오히려 불필요한 사회적 비용이 줄고, 장기적으로는 산업구조가 건전해지는 부수적인 효과까지 얻을 수 있다.

문제는 대기오염을 줄이겠다는 정부 정책이 겉돌면서 시민들이 부담해야 하는 비용이 가파르게 증가하고 있다는 사실이다. 공기청정기와 황사 방지용 마스크가 날개 돋친 듯 팔리고 소아과마다 호흡기 질환에 걸린 아이들이 넘쳐난다. 통계에 잡히지는 않지만 대기오염 사망자들의 장례비용도 함께 늘어나고 있을 게 분명하다. 이 비용들은 국내총생산GDP에 합산되기 때문에 증가할수록 경제가 성장하고 있다는 착각을 불러일으킨다.

정부가 대기오염을 줄이려는 노력을 등한히 하면 서민들은 얇은 지갑을 열 수밖에 없다. 공기청정기나 마스크를 살 수 없을 정도로 지갑이 비어 있다면 두통과 목 아픔, 눈 따가움, 호흡기 질환 따위를 감수해야 한다. 고통을 견디다 못해 약을 먹거나 병원이라도 찾는다면 지갑 부피는 더욱 줄어든다. 경제학에서 '외부 효과'라고 부르는 이 현상은 시장 원리를 맹목적으로 신봉하는 나라일수록 두드러질 수밖에 없다. 입만 열면 산업 경쟁력 보호를 빌미로 규제 완화를 말하는 사람들은 결국 가난한 사람들의 지갑을 더 털어야 한다고 주장하는 셈이다.

〈주간경향〉 2008. 11. 18.

28
CHAPTER

'화학물질 칵테일'은
맛이 좋다

베이징 올림픽 8관왕에 빛나는 수영 선수 마이클 펠프스의 식생활이 화제다. 그는 하루에 보통 사람의 5배에 달하는 열량의 고단백 식사를 한다고 한다. 수영 황제로 등극하기 위해 피나는 연습을 했을 그에게 그 정도의 식생활습관은 당연했을지도 모른다. 하지만 선수생활을 마친 뒤가 걱정스러운 것은 사실이다. 운동선수에서 평범한 생활인으로 돌아가는 순간 무엇보다 '먹는 문제'를 슬기롭게 연착륙시켜야 하기 때문이다. 그의 뇌는 과거의 식생활습관을 고집할 것임이 분명하다. 변화한 상황에 적응하지 못하면 비만과 성인병에 시달릴 가능성이 높다.

철학자이자 농부인 윤구병 교수가 변산공동체에서 겪은 일화도 의미심장하다. 마을에 어른들만 즐기는 '불량식품의 날'이 있다는 것이다. 공동체에서 나고 자란 아이들은 입맛이 유기농에 길들어 불량식품이 낯설다. 문제는 어른들이다. 불량식품의 자극적인 맛에 길든 어른들의 혀는 가끔 아이들 몰래 라면이나 짜장면을 찾는다.

음식도 담배나 마약처럼 중독을 일으킨다는 사실을 깨닫는 건 유쾌한 일이 아니다. 사실 대부분 현대인은 '펠프스의 식욕'을 갖고 있다. 갖가지 화학 첨가물로 버무려진 라면, 짜장면, 햄버거, 과자와 같은 불량식품을 즐긴다. 이들 패스트푸드와 정크푸드에 한번 익숙해지면 다른 음식에서는 좀처럼 그 맛을 음미하기 어렵다.

맛 좋은 쇠고기에는 국적이 없다. 쇠고기를 즐기는 이들은 부드러운 식감과 풍부한 육즙을 찬미한다. 그런데 쇠고기에 꽂이 피려면 소의 식생활습관을 왜곡시켜야 한다는 사실을 아는 사람은 많지 않다. 서양에서 대리석 무늬와 비슷하다고 '마블링'이라고 부르는 살코기 사이의 지방은 풀보다 곡물 사료를 먹일수록 풍부해진다. 사료용 곡물이 대부분 유전자변형작물GMO이라는 혐의도 있다. 그뿐 아니다. 소의 활동량을 제한하고 고기소용 수소나 수송아지들은 거세된다. 그편이 육질을 부드럽게 하는 데 도움이 되기 때문이다. 한우나 미국산 쇠고기나 마찬가지다. 미국 소들은 소 분쇄육을 다른 가축이 먹도록 하고 그 가축의 분쇄육 사료를 다시 소에게 먹이는 교차 식육을 한다는 차이가 있기는 하다.

다섯 살배기 아이를 둔 한 부부는 음식 선택권을 박탈당하는 현실에 곤혹스러워 한다. 어린이집에서 이번 달 생일을 맞은 아이들의 생일파티를 하는데, 다른 부모들이 가져오겠다는 음식 목록을 보니 덜컥 겁이 나더라는 것이다. 그 부부가 특히 '확 깨더라'고 한 건 달착지근한 수입 바나나였다. 바나나는 재배 과정에서 병충해 피해가 크고 저장할 때도 다른 과일에 비해 쉽게 상하는 특성이 있다. 바나나를 병충해와 부패에서 보호하는 방법은 화학약품을 쏟아붓는 것이다.

바나나 플랜테이션에서는 대부분 농약을 비행기로 살포한다. 남미의 바나나농장에서는 닷새 간격으로 살충제를 뿌린다고 한다. 수출하기 위해 선적을 기다리는 바나나에도 화학약품이 추가된다. 각종 암과 불임을 부르는 '죽음의 이슬' 네마곤이나 맹독성 제초제 파라과트 같은 농약들은 1990년대 중반까지 남미의 바나나농장에서 예사로 사용됐다. 이후 살포량과 살포 기간 등을 법으로 제한하긴 했지만, 바나나 생산 국가에서는 대부분 법규가 엄격하지도 않고 법 준수 여부를 감독할 여력도 부족하다. 공정 무역의 주요 품목으로 유기농 바나나가 채택된 데는 그런 배경이 있다. 싸다고 아이들에게 자주 사다 먹이는 수입 과일들의 달콤함은 그래서 차라리 '독毒'인 경우가 많다.

나쁜 식품들은 맛있다. 소의 식성을 왜곡시키고 바나나에 농약 칵테일을 들이부어 '화학 과일'을 만드는 건, 오직 소비자들이 원하는 '맛'이라는 상품성을 지키려는 이유에서다. 그 과정에서 '안전성'은 '맛'에 밀려 희생될 수밖에 없다. 그 둘은 사실 어느 하나도 희생되어서는 안 되는데도 말이다.

〈주간경향〉 2008. 9. 23.

29
CHAPTER

수도꼭지로
돌아가자

대동강 물을 팔아먹었다는 봉이 김선달도 울고 갈 시대다. 국내 생수 시장 규모가 2000년 1,143억 원에서 2010년에는 3,993억 원, 2011년에는 4,547억 원으로 가파르게 성장했다. 매년 10% 가량 성장해온 점을 생각하면 5,000억 원 규모도 거뜬하다는 전망도 나오고 있다.

　반면 한때 가난 탈출의 상징이다시피 했던 수돗물은 천대받고 있다. 수돗물을 끓이지 않고 직접 마시는 국민이 1%대에 불과할 정도로 수돗물 불신의 벽은 높기만 하다. 경제가 어렵다지만 가격은 전혀 문제가 되지 않는다. 10ℓ 기준으로 6원 정도 하는 수돗물이 최저 6,000원에서 최고 10만 원까지 하는 생수에

밀리고 있기 때문이다.

많게는 수돗물보다 1만 배 이상, 휘발유보다 3배 이상 비싼 생수가 과연 그만한 가치가 있을까? 모든 조사 결과는 수돗물이 생수보다 안전하다는 사실을 입증하고 있다. 국내 수돗물 기준은 생수보다 더 엄격하다. 생수는 47가지 기준만 통과하면 되지만 수돗물은 염소 기준치 등이 추가돼 55개 항목에 합격해야 한다. 물론 수돗물의 안전성은 정수장에서 갓 생산한 시점까지다. 아파트 단지의 낡은 옥상 수조나 옥내 배관을 거치면 장담할 수 없다. 오래된 아파트에서는 드물긴 하지만 녹물이 쏟아지거나 세균이 기준치를 초과하기도 한다.

2007년 6월 미국에서는 1,100여 개 도시의 시장들이 모인 초대형 회의가 열렸다. 토론 주제는 바로 포장 생수 거부 운동. 생수는 오래전부터 미국인들이 우유, 주스, 맥주, 커피보다 많은 돈을 내는 품목이다. 전 세계의 연간 포장 생수 소비량은 1억 6,000만t, 그중 약 17%를 미국인이 마신다.

회의에서는 시판되는 생수병이 환경에 미치는 영향과 관련한 발언들이 쏟아졌다. 우선 290만 개의 페트병을 만들기 위해 해마다 1,700만 배럴의 석유를 소비하고 있다는 사실이 지적됐다. 이 정도 양이면 미국 내에서 100만 대의 자동차가 한 해 소비하는 연료량과 맞먹는다. 석유가 페트병 생산에만 낭비되는 건 아니다. 수송 과정에서도 엄청난 양의 화석연료를 태워야 한다. 전 세계적으로 포장 생수의 25%가량이 국경을 넘어 수출되고 있기 때문이다. 핀란드 헬싱키에서 생산된 생수는 4,300㎞의 긴 여정을 거친 후에야 사우디아라비아 왕족의 목을 적실 수 있다.

생수병 처리도 문제다. 미국에서 사용되는 생수병 중 86%는 재활용되지 못하고 쓰레기 신세가 되고 있다. 소각해도 다이옥신과 중금속 재와 같은 부산물이 남는다. 생수 산업은 지하수를 고갈시켜 농민과 어민들의 삶을 곤경에 처하게 만든다. 미국만 해도 생수 생산시설이 밀집된 텍사스와 오대호 일대에서는 주민들과 분쟁이 끊이지 않고 있다.

깨끗하고 안전한 물을 먹을 수 있는 권리는 누구에게나 보장해야 한다. 하지만 생수는 답이 아니다. 생수의 천국이었던 유럽에서도 수돗물 마시기가 대세가 되어가고 있다. 심지어 대표적인 생수 수출국인 프랑스에서조차 생수 거부 운동이 확산하고 있을 정도다. 파리에서는 시장이 나서서 공식 행사에서는 수돗물만 제공하고 있다고 한다. 뉴욕 시도 마찬가지다. 수돗물이 캣스킬 숲에서 자연정화 과정을 거쳤다며 시민에게 수돗물 마시기를 독려하고 있다.

우리나라에서도 지자체가 수돗물을 병에 담아 판매할 수 있도록 수도법과 먹는 물 관리법이 개정됐다. 서울시의 '아리수'를 필두로 광역시들은 수돗물 판매를 겨냥해 저마다 생산시설을 갖춰나가고 있다. 수돗물 판매가 성공하면 부당하게 천대받아 온 수돗물의 복권은 가능할 것이다. 하지만 수돗물을 담을 페트병 문제는 그대로 남는다. 페트병을 거부하고 수도꼭지로 돌아가는 일은 정녕 불가능한 것일까?

〈주간경향〉 2008. 9. 2.

30
CHAPTER

옥수수에 얽힌
네 편의 드라마

가상의 드라마 세 편이 있다. 모두 옥수수와 관련이 있는 드라마다. 첫 번째 드라마의 제목은 「미국 소의 식생활」. 몇 년 전 광우병 촛불시위의 실질적인 배후인 미국산 쇠고기를 다룬 드라마다. 두 번째 드라마는 「옥수수와 자존심」이다. 대북 옥수수 지원을 파기하려다가 통미봉남通美封南이 현실화되자 서둘러 보내려던 이명박 정부가 북한의 거부에 진퇴양난에 빠진 사건을 다루고 있다. 「품종 개량과 사탕 옥수수」라는 제목을 가진 세 번째 드라마의 주연은 옥수수 박사로 이름 높은 김순권 박사다. 김 박사는 외국산보다 수확량이 많은 옥수수 종자를 얻는 데 성공한 인물로 잘 알려져 있다. 마지막 드라마 「옥수수 헐크」에는 국제 옥수수 가격이 크게 올랐기 때문에 값싼 유전자 조작 옥수수를 수입한다는 한국전분당협회가 등장한다.

광우병이 동물성 사료를 먹는 소에게 생긴다는 건 상식에 속한다. 하지만 미국산 소가 육식성 사료만 먹는 건 아니다. 가장 많이 먹는 사료는 옥수수다. 소의 반추위는 풀을 먹고 소화하도록 진화했다. 소에게 곡물 옥수수를 억지로 먹이면 위에 가스가 차서 엄청난 고통을 유발한다. 더구나 옥수수 사료는 소의 위 내부를 산성으로 바꾼다. 소에게 옥수수를 먹이는 이유는 성장이 빠르고 육질을 연하게 만들 수 있기 때문이다. 옥수수는 동물성 사료만큼이나 행복한 먹을거리가 아니다. 위액이 넘어오고 트림을 해대는 소들은 속쓰림에 시달리다가 도축된다.

대북상호주의를 아이들의 놀이언어로 설명하면, "네가 하나 주면 나도 하나 줄게!"가 된다. 굶어 죽어가는 인민들이 있는 북한에 사실상의 굴복을 요구하는 상호주의는, 옥수수를 불화의 상징이자 천덕꾸러기로 만들었다. 한때 영변 핵시설 냉각탑 폭파로 북한의 '통미'는 엄청난 반향을 일으킨 적이 있다. 당시에는 미국조차 남한을 따돌리고 북한과 통하는 데서 드러났듯이 '봉남'의 효과도 덩달아 커졌다. 체면 때문에 옥수수를 받지 않겠다고 버티는 북한이나 "가난뱅이 주제에 무슨 체면 차림이냐"고 자존심을 긁는 남한이나 피장파장이다. 옥수수는 어정쩡하게 남북 갈등의 틈바구니에 끼어 있는 형국이다.

김순권 박사는 북한의 기아 탈출을 돕기 위해 땀과 지식을 쏟아부은 통일운동가이자 농학자다. 김 박사는 전남 곡성군과 함께 외국산 옥수수보다 당도가 2배, 당도 지속기간은 3배에 달하는 사탕 옥수수를 개발했다. 순전히 그의 헌신적인 노력으로 지역 특산물 하나가 새로 탄생한 셈이다. 사탕 옥수수의 출현은 유전자 조작이 아닌 품종 개량의 결과란 점에서 네 번째 드라마와 분명한 차이를 보인다.

한국전분당협회는 국제 옥수수 가격 상승을 이유로 미국산 유전자 조작 옥수수를 수입해 국내 의약식품산업체에 공급하고 있다. 그런데 알고 보니 국제시장에서 자연산 옥수수가 품귀였던 것이 아니라 기왕의 계약에 따라 정부의 관세 면제를 노린 것이었다는 사실이 드러났다. 시세 차익도 얻고 세금 혜택도 얻을 속셈이었던 것이다. 그 대가로 국민들은 유전자 조작 옥수수 가루와 당분으로 만든 쿠키와 옥수수 시럽을 먹게 됐다.

절망적인 것만은 아니다. 주요 식의약품기업 가운데 12개 회사가 유전자 조작 옥수수를 사용하지 않겠다고 GMO 프리선언을 했다. 하지만 아직 갈 길이 멀다. GMO 표시제 강화를 둘러싸고 찬반양론이 엇갈리면서 아직까지 완전한 합의에 이르지 못하고 있기 때문이다.

유전자를 조작한 작물들의 안전성은 세대를 건너 유전될 수 있는 위험성까지 충분히 검증된 적이 없다. 흥분 정도가 임계점을 넘으면 헐크로 변신하는 과학자 브루스 배너처럼 유전자 조작 옥수수도 언젠가는 우리 몸속의 괴물로 나타나지 않을까? 마지막 드라마 「옥수수 헐크」가 던지는 질문이다.

〈주간경향〉 2008. 7. 15.

31
CHAPTER

영양 과잉 시대의
'윤리적 소비'

『시경詩經』에 행역을 나간 남편을 그리워하는 아낙이 읊었다는
「여분汝墳」이라는 시가 있다. 이 시에 이런 구절이 나온다. "그대
를 보지 못했을 때 그리움은 아침 시장기와 같았어라." 그립다
는 정서적인 울림이 배고프다는 원초적인 욕망과 대비되면서 묘
한 느낌을 주는 표현이다.

그런데 '사무치는 그리움'은 왜 하필이면 아침 시장기였을까?
저녁식사 후 12시간 가깝게 지난 아침에는 긴 수면으로 장기臟器
의 활동성이 떨어진 탓에 입맛이 별로 없다. 더구나 옛날에는
아침과 저녁 두 번만 먹었다는 이야기도 있지 않은가.

하지만 지금은 아침 시장기의 의미가 달라진 시대다. 언제고

먹기로 작정하면 과식을 넘어 폭식으로 넘어가기 일쑤다. 이런 조건에서는 아침밥을 챙겨 먹으려는 의지가 박약할 수밖에 없다. 사실 '아침밥 챙겨 먹기 캠페인'은 영양 결핍이 아니라 영양 과잉을 우려해서 나온 것이다. 밥 먹을 때를 놓쳤으니 보충해야 겠다는 자기보상적 탐식貪食을 줄여 과잉 섭취에서 오는 비만을 막을 수 있으니 말이다.

『시경』은 거의 2,500년 전에 불리던 중국의 민요와 시를 묶은 책이다. 그 시절 우리 조상들의 밥상은 소박하기 짝이 없었을 것이다. 영양학적으로 볼 때도 오늘날에 비해 그때의 밥상이 풍성했을 리 없다. 밥때가 아니면 이른바 간식을 마음껏 먹을 수 있던 시절도 아니었다. 해 지면 자고 해 뜨기 전 일어나는 고대 농경사회에서 아침밥은 독하게 마음먹지 않고는 포기하기 어려운 '그리움'이었는지도 모른다.

그러면 그들의 후손인 우리는 어떻게 살고 있나? 몇 년 전까지 세계에서 첫 번째와 두 번째로 많은 매출을 올린 약품은 초국적 제약기업인 화이자 사의 콜레스테롤 제거제 리피터Lipitor와 머크 사의 조커Zocor였다. 몸이 견딜 수 있는 수준 이상으로 고지방과 고단백 위주의 식사를 했을 때 생기는 콜레스테롤 질환이 그만큼 보편화되었다는 사실의 반증이다. 물론 이런 종류의 질환은 잘 사는 나라의 질병일 뿐 가난한 나라에서는 여전히 기아 퇴치가 최우선 과제다. 인류의 식량 생산 능력은 현재 약 120억 명을 부양할 수 있는 수준이라고 한다. 그런데도 여전히 5초마다 한 명의 어린이가 굶어 죽어가고 있다. 따라서 과잉 식사를 거듭하는 오늘날 우리 사회에서 더 좋은 먹을거리를 찾아 헤매는 일은 절대 빈곤층을 제외한다면 다분히 윤리적인 문제에 속한다.

"우리 소비자들도 값싸고 질 좋은 쇠고기를 먹을 수 있어야 한다"라는 대통령의 말에 울림이 없는 것은 문제의 본질을 비켜나 있기 때문이다. 제아무리 쇠고기가 비싸다 해도 우리는 쇠고기를 못 먹어 문제가 되는 시대를 이미 졸업한 지 오래다. 대한민국은 미국처럼 비만이 질병을 부르는 영양 과잉 사회로 진입한 지 오래인 것이다. 쇠고기와 같은 고단백 육류를 마치 공산품 찍어내듯 엄청난 속도로 생산하는 미국 축산업계는 쇠고기를 자국은 물론이고 다른 나라 시장에 내다 팔아야만 유지된다. 따라서 값이 싸므로 많이 팔아야 한다는 건 미국 축산업계의 입장이지 우리가 취할 논리는 아니다. 쇠고기를 자주 먹지 못하면 뭔가 문제가 있다는 투지만, 사실 쇠고기를 우리가 그렇게 많이 소비해야 할 영양학적 이유가 있는 게 아니라는 것이다.

광우병 쇠고기를 둘러싼 민심의 폭발에는 오늘날 식량문제의 근원을 이루는 윤리적 불평등과 세계무역의 이름으로 과잉 영양을 강권하는 부조리의 문제가 겹쳐 있다. 아침 시장기를 그리워하는 『시경』의 구절이 낯설게 느껴지지 않을 때 우리는 비로소 건강해질 수 있는지도 모른다. 아침이면 배가 고픈 게 당연하다. 그 당연한 인체의 반응을 가능케 하는 먹을거리에 대한 절제와 윤리적 소비가 가능하다면, 우리는 진정 광우병의 공포를 우리 식탁에서 몰아낼 수 있을 것이다.

〈뉴스메이커〉 2008. 5. 27.

32
CHAPTER

지구의 날과
'신화시대'의 기억

사람들이 자연의 내재율을 의식하고 살았던 시대를 신화의 시대라고 부른다. 신화시대를 미개한 이성과 무력한 육체의 힘 때문에 인간이 절망적으로 자연력에 굴종하던 시대라고 보는 생각은 잘못된 것이다. 일본의 레비스트로스라 불리는 나카자와 신이치는 신화시대를 자연과 인류가 대칭적 균형 관계를 이루던 시대로 규정했다. 사람이 사람답게 사는 길을 자연과 인간의 균형을 유지하는 데서 찾았던 시대라는 뜻이다.

문화는 인간이 스스로 대자연과 하나라는 자의식 덕분에 소유할 수 있었던 정신과 물질의 체계다. 문명이 문화와 다른 점은 인간과 인간의 세계를 대자연과 분리된 다른 존재로 본다는 점이다. 인간과 자연을 떼어놓는 데 익숙해지면, 내가 아닌 다른 존재에 대한 인식은 자연히 대결적이고 경쟁적인 것이 된다. 그러한 인식의 끝은 대자연과의 절연, 신화시대의 종말이다.

지구라는 대자연은 신화시대의 종말 앞에서 지독한 피로감을 느끼고 있다. 인류가 대자연을 나와 분리된 타자이며, 단지 이용 가능한 생물들과 자원의 창고로만 바라볼 때 대자연의 파괴와 오염은 피할 수 없다. 지금은 그런 시대다. 제임스 러브록이 '가이아'라는 신화적인 이름을 지구에 붙인 지 40년 정도 지났다. 그때나 지금이나 문제는 같다. 인류가 너무나도 이기적인 생물 종이라는 것, 그리고 그 사실조차 망각하고 있다는 것. 지구가 하나의 통합 인격을 가진 유기적 생물체라는 견해는 발표 당시만 해도 학계와 사회로부터 홀대를 받았다. 하지만 "인류가 대자연과 좋은 관계를 맺었던 시대를 다시 회복해야 한다"는 것은, 지구가 가이아라는 새 이름을 얻은 뒤부터 인류가 끊임없이 확인해오고 있는 메시지다.

지난 20세기에 세계 경제의 규모는 이전 세기에 견줘 15배나 팽창했다. 에너지 소비는 14배, 인구는 15억 명에서 61억 명으로 증가했다. 인류가 20세기에 소비한 에너지는 인류가 지구상에 출현한 이래 19세기까지 소비했던 모든 에너지보다 3분의 1이나 더 많다. 산림 또한 20세기에 벌목한 것이 그 이전까지의 총량과 맞먹는다. 1950년 이후 30여 년간 인간이 자연에 가한 영향은 인류의 등장 이후 1950년까지 미쳤던 모든 영향보다 더 크다는 통계도 있다. 우리가 현재 알고 있는 모든 지구환경문제는 지구의 긴 역사로 보면 실로 눈 깜짝할 만한 사이에 이루어진 것이다.

우리는 이대로 살아도 괜찮은 걸까? 저 두려운 지구온난화를 비롯한 모든 지구환경문제를 과학기술의 힘으로 극복할 수 있다고 믿기 때문에 여전히 '지구를 약탈하는 삶의 방식'을 추종하고 사는 것은 아닐까? 아니 그보다 '지구가 우리의 철없는 이기주의를 그래도 견뎌줄 것'이라고 믿는 순진함 때문은 아닐까?

1970년에 와서야 그런 믿음은 턱없는 낙관에 불과하다고 생각하는 일군의 지구인이 나타났다. 더 이상의 스트레스는 지구의 항상성을 파괴하고 종국에는 지구에 살고 있는 생명공동체의 소멸로 이어지리라는 것이 그들의 생각이었다. 그들은 국가를 넘어 인류와 지구의 미래를 생각한 최초의 지구 시민이었다. 그들이 학생이면 어떻고 정치가면 또 어떤가. 중요한 건 그들이 자연과 인간의 아름다운 공존을 추구하는 사람들이었다는 점이다.

그들은 인류의 생산양식과 생활방식을 바꿔 지구를 구하자고 외쳤다. 그 외침은 시간이 흐르면서 지구촌 곳곳으로 퍼졌다.

4월 22일이 그날이다. 이 날은 지구의 날, 다시 말해서 가이아의 날이다. 대자연의 파괴는 곧 문명의 종말이라는 사실을 가이아가 알려주기 전에 우리가 먼저 깨달아야 앞으로도 생존할 수 있다는 것이 지구의 날의 취지다. 자연과 대칭적인 균형을 향한 인류의 의식 혁명을 추구하는 지구의 날은 한글날이나 개천절처럼 중요한 날로 기억되어야 한다. 가이아와 공존하기 위해 절제하고 그것을 '새로운 생활양식'으로 만든다면, 우리는 가이아 지구로부터 또 하나의 '신화시대'를 선물 받게 될 것이다.

〈주간경향〉 2008. 4. 22.

33
CHAPTER

황사와 환경
'리바운드 효과'

황사가 물러간 주말 하늘은 청명하기 그지없다. 집을 나서면 부드러운 목련 향기가 만물이 부활하는 봄의 시작을 알린다. 「황무지」의 시인 T. S. 엘리엇은 새봄이 오더라도 생명을 피워낼 수 없는 문명의 황폐화를 노래했다. 하지만 우리나라에서 4월은 황사 덕분에 더욱 잔인한 달로 기억된다.

황사는 실로 난감한 환경문제다. 남녀노소를 막론하고 피해를 면할 길이 없지만, 그 근원이 우리나라가 아닌 이웃 나라 중국에 있기 때문이다. 국내 환경문제 해결에도 벅찬 우리나라에 황사는 '아닌 밤중에 홍두깨'임이 분명하다. 따지고 보면 물과 공기에 국경이 있을 리 없다. 서해 바다가 중국이 쏟아내는 오염물질로 더러워지고 있는 것처럼, 우리가 뿜어낸 이산화탄소는 우리나라 상공의 기온만 상승시키지 않는다. 황사는 환경문제의 '리바운드 효과Rebound Effect'를 잘 보여주고 있다.

리바운드 효과란 약을 먹을수록 몸의 내성이 약해져 다음에는 더 많은 양을 복용해야 하는 악순환의 고리를 뜻하는 말이다.

"100년 만의 무더위를 미리 준비하라!"

초여름이면 에어컨 회사들의 광고에 어김없이 등장하는 문구다. 하지만 더위를 식히려고 에어컨을 켤수록 지구는 더 더워진다. 리바운드 효과는 원인과 결과를 비빔밥처럼 뒤섞어 문제 해결을 어렵게 만든다.

중국 사막화의 원인은 지나친 삼림벌목과 토지개간이다. 여기에 지구온난화가 덧붙여진다. 지구가 더워지면 흙에서 증발되는 수분이 많아져 사막화가 가속화된다. 숲과 초원이 사막으로 변하게 되면 이번에는 거꾸로 기후가 바뀔 수밖에 없다. 지구온난화가 사막화를 낳고 사막화가 다시 지구온난화를 불러일으키는 리바운드 효과는, 우리나라에 사막이 없다 해서 사막화 방지에 손 놓을 수 없는 이유이기도 하다.

중국인들의 게으름과 의지부족을 탓하는 사람들도 있지만, 중국이 황사문제에 완전히 손을 놓고 있는 것은 아니다. 중국 정부는 국토의 28%에 달하는 광대한 지역의 사막화를 되돌리기 위해 안간힘을 써왔다. 삼북방호림三北防護林 사업, 베이징–톈진 방사防沙 사업, 퇴경환림환초退耕換林換草 정책 등이 대표적인 예다. 최근에는 중국 최대 황사 발원지인 내몽고 고원의 훈센다크 사막, 커얼친 사막, 마오우수 사막에서 식생 면적이 증가하면서 황사 발생 횟수가 감소추세에 들어섰다는 분석이 나오기도 했다.

하지만 섣부른 판단은 금물이다. 2008년부터 최근까지 6년간 북경과 서울, 동경의 황사 농도를 측정한 결과 해마다 편차는 있지만 아직 뚜렷한 감소 경향은 보이지 않고 있기 때문이다. 내몽고에서 황사 발생 횟수가 앞으로도 줄어들 것인지는 더 지켜봐야 한다.

문제는 의지가 아니라 방식에 있는지도 모를 일이다. 우선 대규모 조림사업의 실효성을 잘 따져볼 필요가 있다. 나무를 심어 숲을 가꾸려면 지하수를 끌어올리거나 먼 곳에서 물을 끌어와야 한다. 그런데 이런 방식은 돈도 많이 들고 그렇지 않아도 부족한 지하수를 고갈시킬 위험이 크다. 조림으로 복원되는 면적보다 아직 남아 있는 초원의 사막화 속도가 더 빠르다는 것도 문제다. 따라서 섣부른 조림보다는 아직 온전하게 남아 있는 초원을 지키는 일이 우선되어야 한다.

몇 년 전 한 인기 오락프로그램의 출연진들이 황사 대처법을 찾기 위해 중국행 비행기에 오른 적이 있다. 황사가 심각할 때에는 콧속 공기청정기와 방진 마스크가 부착된 운동복이 출시되자마자 인기를 끌기도 했다.

우리나라 정부가 황사에 본격적으로 대처하기 시작한 것은 대규모 황사가 내습했던 2002년부터다. 환경부가 주축이 돼 범정부 차원의 종합대책을 내놓기도 하지만, 우리 정부의 노력은 주로 관측자료 수집에 집중되고 있다는 인상을 주고 있다. 오히려 활발한 것은 기업들과 민간단체들의 노력이다. 몽골어로 '하얀 호수'라는 뜻을 가진 '차간눠얼査幹諾爾'이라는 호수가 대표적인 사례다. 이 호수는 얼마 전까지만 해도 말라붙은 소금밭이었다.

하지만 2008년부터 현대차가 민간단체 에코피스 아시아와 함께 가뭄에 잘 견디는 다년생 풀인 '감모초'를 심은 결과, 호수는 새와 곤충이 서식하는 녹지로 변모하고 있는 중이다.

이제 사막화의 근본 원인에도 눈을 돌릴 때가 됐다. 지난 2,000년간 유지됐던 중국 소수민족의 초원문화는 대규모 농경 인구가 외지에서 유입되면서 사라지고 있다. 우리나라로 불어오는 황사의 진원지인 내몽고가 대표적이다. 내몽고는 과거 230만 명이 유목을 하며 살던 지역이다. 이곳에 인구가 10배로 늘어나면서 집약적인 농경을 하게 된 것이 초원이 사막으로 바뀐 원인이다.

황사는 공기청정기와 마스크만으로 피할 수 있는 문제가 아니다. 갈수록 빨라지고 있는 식목일을 전후해 내몽고 풀씨 보내기 운동을 대대적으로 시작하면 어떨까?

〈경향신문〉 2008. 4. 7.

34
CHAPTER

물은 '정상적으로'
흘러야 한다

물길은 뺄셈을 모른다. 흐르는 물 앞에는 오직 덧셈만 있을 뿐이다. 물길은 작은 계류로 시작돼 실개천으로 흘러나와 마침내 강을 이루면서 유장해진다. 높은 곳에서 낮은 곳을 향하는 물의 여정은 아름답다. 그 까닭은 낮은 데로 흘러내리면서 물벼룩과 메기를 품어 안고 갯버들과 갈대에까지 자신의 몸을 내어주기 때문이다.

물길이 '물이 흐르는 길'만 뜻하는 건 아니다. 물길은 자신을 감싸고 있는 육상생태계까지 자신의 몸으로 받아들인다. 이 주장은 이미 서기 79년에 나왔다. 로마의 역사학자이자 저술가였던 플리니우스는 박물지 『자연의 역사』 31권에서 "물길에는 물의 흐름이 관통하는 곳 주변 육상생태계의 모습이 반영되어 있다"고 적었다.

플리니우스가 갈파했던 것은 물길을 당장 눈앞에 보이는 것으로만 이해하지 말라는 것이다. 큰물이 지면 물길이 주변 육지를 적시면서 물길과 육지의 경계선이 사라진다. 물길 주변에 홍수터나 배후 습지가 잘 발달한 이유는, 물이기도 하고 때론 육지이기도 한 물길의 두 얼굴 때문이다. 하지만 물길의 양면성은 이제 확인조차 어렵다. 우리나라 물길의 대부분은 높은 콘크리트 제방에 갇혀 육지와 완전히 단절되어 고립된 상태다.

물길은 발원지에서 하구까지 일정한 규칙성과 연속성을 갖는 역동적인 생태계이기도 하다. 자연 상태에서 물은 높은 곳에서 낮은 곳으로 흐르며, 발원지에서 하구까지 유역면적, 너비, 경사도, 물 흐름 세기, 물의 양, 수온, 용존산소 등이 점진적으로 변화한다. 따라서 청계천처럼 전기모터를 이용해 물을 끌어올려 다시 흘려보내는 하천은 정상적인 물길이 아니다. 그래서 청계천에는 '콘크리트 어항'이니 '길게 누운 분수'니 하는 이름까지 생겼다.

하지만 청계천 복원의 문제점이 심각하다 해서 성과가 전혀 없었던 것은 아니다. 국가 주도의 고도 성장기에 복개된 청계천은 한 학자가 갈파했던 것처럼, 성장의 속도를 보태는 곳이면서 또한 이를 위해 죽어간 자연의 무덤이었다. 도로로 쓰던 뚜껑을 걷어낼 때까지 청계천은 폭발적으로 증가한 인구가 배출한 노폐물을 은밀하게 내보내는 거대한 하수구기도 했다. 따라서 복개 구조물을 걷어내 햇빛과 공기를 불어넣었다는 사실만으로도 개발 지상주의로 점철된 과거의 역사를 반성하는 효과가 있었음을 부인하기 어렵다.

하지만 아무래도 청계천에 복원이라는 이름을 붙이기에는 낯이 뜨거워지는 것이 사실이다. 새로 단장한 청계천을 찾는 시민이 많다고 해서 허물이 덮어지는 건 아니다. 청계천에는 미인이 되기 위해서라면 전신 성형도 마다치 않는 시류가 투영되어 있다. '가깝게 누릴 수 있고 경제에도 도움을 주는 자연'만 선호하는 효용 위주의 패러다임을 대변하기도 한다. 물을 퍼올리는 전기모터의 배후에는 '무질서한 자연'보다는 '정돈된 모조품'을 선호하는 현대인들의 욕구가 숨겨져 있는 것이다.

모조품으로서의 청계천은 이제 복개하천을 가진 우리나라 지방자치단체들의 참고 서적이 되었다. 그리고 2011년 5월 다시 전기로 흐르는 분수하천 하나가 서울에 추가되었다. 홍제천이 청계천 방식을 그대로 모방해 조성된 것이다. 그뿐만이 아니다. 계획대로 건설된다면 한반도 대운하 또한 전기의 힘으로 운동하는 물길이다. 배를 산으로 올리고 내리기 위해 댐과 리프트를 조작하는 과정은, 위에서 아래로 흐르는 물길의 힘이 아닌 전기에너지에 기댄다는 점에서 청계천과 닮았다.

　청계천은 앞으로도 수많은 '짝퉁' 하천을 만들어내는 진원지가 될 것이다. 하지만 아무리 화장품을 짙게 바른다 해도 짝퉁이 진품이 될 수는 없다. 운하는 운하일 뿐 굽이굽이 흐르는 강의 지위를 넘보지 못한다. 국민의 70%가 먹는 상수원에 운하를 판다면서 '친환경 운하'라는 신조어를 만들어내는 사람들을 어떻게 해야 하나?

〈주간경향〉 2008. 4. 1.

35
CHAPTER

'산업화의 비극'
환경호르몬

국내에서 보도되지 않은 환경 관련 외신 중에는 간혹 혼자 읽기에는 아깝다는 생각이 드는 기사들이 있다. 지난 10월 19일『더러운 피Bad Blood?』라는 다소 선정적인 제목으로 발표된 미국 워싱턴발 기사도 그런 부류에 속한다. 이 기사는 세계야생동물기금WWF이 영국, 스웨덴, 스페인, 이탈리아 등 유럽연합 13개국 환경장관과 보건장관 14명의 혈액에 함유된 화학물질의 양을 조사한 결과를 전하고 있다.

국민의 건강을 책임지는 장관들을 직접 조사대상으로 삼은 과감한 발상도 놀랍지만, 모두 55종의 화학물질이 장관들의 혈액에서 검출되었다는 조사 결과는 더욱 충격적이다. 14명의 장관 모두에게서 검출된 환경호르몬 종류만도 25종에 달했다고 한다. 이들은 대부분 소파, 프라이팬, 유아용 병, 피자 상자 등에 사용되는 브롬화난연재, PCB, 농약류 등이었다.

환경호르몬은 산업활동을 통해 자연계에 방출된 화학물질이 생물체에 흡수되면서 마치 호르몬처럼 작용하여 붙여진 이름이다. 『우리들의 도둑맞은 미래』라는 책이 출간되면서 전 세계적인 주목을 받았고 몇 년 전에는 우리나라에서도 관련 기사가 홍수를 이루기도 했다. 환경호르몬이 문제가 되는 것은 체내에 유입되는 경로에 대한 정보가 거의 전무하다는 점 때문이다. 그 영향에 대해서도 성기의 왜소화, 혈액 중 남성호르몬의 감소, 낮은 부화율, 사망률의 증가, 성비 교란 등 몇 가지만이 알려져 있다.

더욱 두려운 것은 환경호르몬이 우리의 일상 도처에서 만날 수 있는 시한폭탄이라는 사실이다. 특히 부엌은 가정에서 환경호르몬을 가장 자주 만날 수 있는 공간이다. 플라스틱 그릇에 랩을 씌워 전자레인지에 데우는 일에 익숙한 사람이라면 자신이 환경호르몬으로 식탁을 차리고 있음을 알아야 한다. 컵라면을 자주 먹는 사람도 마찬가지다. 스티로폼으로 만든 컵라면 포장용기는 발암성과 환경호르몬 작용이 있는 스틸렌 범벅이나 다름없다. 수확 후 농약을 치는 수입 농산물을 선호하는 사람은 스스로 농약실험의 대상으로 자처하고 있음을 깨달을 필요가 있다.

환경호르몬의 공격에서 벗어나려면 먼저 국민 모두가 환경호르몬을 함유하고 있는 물건이나 식품을 멀리하는 습관을 가져야겠지만, 문제를 개인에게만 돌리는 것은 온당치 않다. 환경호르몬이 산업화가 낳은 비극이라면 그 고리를 끊고자 하는 노력은 당연히 산업활동에서 시작되어야 한다. 현재 전 세계적으로 유통되고 있는 화학물질은 10만여 종에 이르며, 매년 2,000여 종의 신규 화학물질이 시장으로 진입하고 있다. 이 물질들로 만들어진 화학제품은 수백만 종에 이를 것으로 추정된다.

우리나라에서는 매년 300종이 넘는 신규 화학물질이 도입되고 있고, 유독물질의 유통량 또한 매년 100만t씩 증가하고 있다고 한다. 지난 30년간 화학산업의 매출액은 전세계적으로 약 10배 증가한 반면 우리나라에서는 약 120배 늘어났다는 보고도 있다. 이러한 현실에 대처하려면 유해화학물질의 배출량과 유통량, 유통 실태에 대한 정확한 파악이 필수적이다. 특정 상품에 환경호르몬 등 유해화학물질의 사용을 제한하는 '취급제한물질' 제도의 도입도 서둘러야 한다.

기꺼이 혈액 조사에 응했다는 유럽의 장관들이 조사 결과에 어떤 반응을 보였는지는 알 길이 없다. 그들이 혈액 채취에 동의했던 것은 자신의 환경호르몬 오염도에 대한 관심도 있었겠지

만, 그보다는 환경호르몬에 대한 사회적 대처가 시급함을 상징
적으로 보여주고 싶었기 때문일 것이다. 우리나라의 장관들, 더
나아가 대통령의 혈액을 조사해보면 어떤 결과가 나올까?

<서울신문> 2004. 11. 22.

36
CHAPTER

골프장 건설경기
부양론?

최근 정부 주요 인사들이 잇달아 '골프장 건설경기 부양론'을 거론하고 있다. 이헌재 경제부총리가 "230여 개의 골프장 건립 신청 건을 4개월 안에 일괄 심사해 조기 허용하는 등 골프장을 500개 가까이로 늘려 경기를 살리겠다"고 해괴한 소리를 하더니, 이정우 대통령 정책특보 겸 정책기획위원장은 "골프는 이미 중산층 스포츠가 돼 있는 만큼 골프장을 지금보다 많이 늘려야 할 필요가 있다"며 거들고 나섰다. 대한상공회의소는 기다렸다는 듯이 250개의 골프장을 신설할 경우 5만 명의 일자리 창출과 27조 원가량의 경기진작 효과가 발생한다는 그럴싸한 보고서까지 내놓았다.

골프장을 만들어 경제를 살린다는 논리는, 반짝경기를 위해서라면 우리 경제의 미래를 통째로 희생해도 좋다는 '경제 자살론'에 가깝다. 아무리 우리 사회가 과거를 쉽게 잊는다지만 망각의 속도가 이처럼 빠를 수는 없다. IMF 구제금융을 불러왔던 경제 위기를 생각해보라. 단기적 성장주의에 안착된 가치와 규범, 그리고 규칙의 위기 아니었던가. 멀리 갈 것도 없다. 지난 몇 년간의 부동산 가격 급등이 2001년을 전후로 한 정부의 무리한 경기부양책 탓이라는 사실을 모르는 사람은 없다. 최근의 가계부채나 신용불량자 문제도 카드 남발을 방치하여 미래의 소득을 앞당겨 쓰라고 부추겼던 정부 정책에서 비롯되었다.

골프 애호가라는 이헌재 경제부총리가 우리나라 골프업계의 현실을 잘 알고 있는지도 의심스럽다. '골프장 건설경기 부양론'을 우려하는 목소리가 환경단체뿐만 아니라 골프업계에서도 나오고 있기 때문이다. 230여 개의 골프장이 한꺼번에 건설되어 완공된다면, 불과 4~5년 후에는 공급과잉으로 회원권 가격이 폭락하면서 도산하는 골프장이 속출한다는 것이 골프업계의 전망이다. 일본의 경우에도 1985년 이후 내수 확대정책의 일환으로 골프장 건설 붐이 전국을 휩쓸었지만, 거품이 걷힌 후 총 251개의 골프장이 8조 6,000억 엔의 부채를 안고 도산했다.

골프장 건설로 일자리를 창출하고 지역경제를 활성화한다는 주장에도 많은 거품이 들어가 있다. 18홀 규모의 골프장 1개 당 평균 고용인원은 160여 명에 불과하며, 이 중 극히 소수의 지역 주민들만이 일용직 잔디보수요원으로 고용된다. 산림훼손이나 지하수 고갈도 문제다. 골프장은 주로 산악지형에 조성되어 산림훼손의 정도가 클 뿐만 아니라, 토양침식과 토사유출 등 지형을 심각하게 훼손시키는 것이 보통이다. 8홀 규모의 골프장은 하루 평균 약 800t의 물을 사용하는데, 이는 약 2,200명의 주민들이 사용할 수 있는 양과 맞먹는다.

하루 벌어 하루 사는 서민들에게 골프는 남의 나라 이야기일 뿐이다. 국토가 좁은 우리나라에서 골프는 잔디축구장 150개를 지을 수 있는 30만 평의 땅에서 불과 200여 명이 독점하는 토지소모성 운동일 뿐이다. 골프장 250개를 짓는 데 필요한 건설공사비는 13조 6,000억 원에 이른다. 이 돈을 독일처럼 재생에너지 보급이나 기후변화 방지에 투자하여 환경보전과 일자리 창출을 동시에 꾀할 수는 없는 것인가. 내수를 살리기 위해 정부가 취해야 할 방법은, 건전하고 지속가능한 경제성장을 담보할 산업 분야에 대한 투자이지 비생산적이고 환경파괴적인 골프장 건설이 아니다.

〈서울신문〉 2004. 8. 23.

37
CHAPTER

간이역은
더 이상 없다

20여 년 전, 어느 무더웠던 여름날이었을 것이다. 선풍기 바람에 실려 간간이 매미 우는 소리가 들려오던 하숙집으로 한 통의 편지가 배달됐다. 고등학교 졸업 후 소식이 아예 끊기다시피 했던 시골의 오랜 벗이었다. 설레는 마음으로 봉투를 뜯자마자 시한 편이 얼굴을 불쑥 내민다.

"막차는 좀처럼 오지 않았다 / 대합실 밖에는 밤새 송이눈이 쌓이고 / 흰 보라 수수꽃 눈시린 유리창마다 / 톱밥난로가 지펴지고 있었다 / 그믐처럼 몇은 졸고 / 몇은 감기에 쿨럭이고 / 그리웠던 순간들을 생각하며 나는 / 한 줌의 톱밥을 불빛 속에 던져주었다……."

지금은 어지간히 알려진 곽재구 시인의 「사평역에서」지만, 당시는 같은 이름의 시집조차 출간되기 전이어서 시 제목도 시인의 이름도 생경했다. '사평역'이 실재하지 않는 가상의 공간이라는 사실도 그때는 알 길이 없었다. 편지가 지닌 이중의 의미를 알아차리기까지는 그리 오래 걸리지 않았다. 벗은 내가 찌는 듯한 더위를 고향 언저리의 겨울 풍경에 대한 기억을 통해 이겨내주길 원했을 것이다. 동시에 도회지 생활에 묻혀 작은 정거장으로 상징되는 시골 이웃들의 고단하지만 넉넉한 삶을 잊지 않기를 바랐던 게다.

　「사평역에서」가 그려낸 작은 정거장들은 언제부턴가 간이역이라는 이름으로 우리에게 익숙해졌다. 간이화장실, 간이수도, 간이식당……. 낱말 뜻 그대로 풀자면 간이역은 '간단하고 쉽게 이용할 수 있는 역'이다. 실제로는 '역이긴 하지만 그 기능이 불완전하기 때문에 때로는 해야 할 역할을 하지 않는 역'이라는 뜻이 더 강하다.

　목적지를 향해 긴 거리를 최대한 빨리 주파해야 하는 직행열차들에게, 간이역은 그저 스쳐 지나가면 되는 차창 밖 풍경에 지나지 않는다. 이때 허름한 역사와 함께 기억의 뒤편으로 썰물처럼 사라져가는 것은, 소박했던 삶의 추억과 기다림에 기대어 분주하지 않았던 지난날의 가치들이다.

줄어드는 승객과 설비 기계화로 쇠락하고 있는 간이역이 '풀꽃상'의 열 번째 수상자로 선정됐다고 한다. 선정 이유는 '간이역은 회복해야 할 느림과 반개발의 가치를 절박하게 웅변하고 있으며, 파국을 향해 달리는 우리 시대의 눈물'이기 때문이다.

풀꽃상 주관자인 '풀꽃세상을 위한 모임'은 "무조건 빨리 달려야 한다는 속도중독증을 상징하는 고속철도가 멀쩡한 산을 뚫고 없어도 되는 다리를 놓으며, 우리 산하의 핏줄을 끊고 생명체들을 결딴내고 있다"고 밝혀 간이역 선정이 속도에 대한 물신 숭배의 상징인 고속철도를 겨냥하고 있음을 숨기지 않았다.

간이역과 고속철도의 극명한 대비는 단순히 속도에 대한 가치인식의 차이만을 말하는 것이 아니다. 비둘기호와 통일호는 물론 많은 돈을 들여 지은 지방공항까지 고사 상태로 몰아넣고 있는 고속철도 건설도, 건설경기 활성화 차원에서라도 행정수도 이전이 필요하다는 대통령의 주장도, 내수경기 진작을 위해 골프장 230여 개를 한꺼번에 허가하겠다는 경제부총리의 발언도 모두 그 뿌리는 토목사업을 벌여야 나라 경제를 유지할 수 있다는 낡은 믿음과 닿아 있다. '공사판 대한민국' 그 어디에도 진정한 의미의 간이역은 더는 존재하지 않는다. 이 무더위에 다시 한번 「사평역에서」를 꺼내 읽는 이유다.

〈서울신문〉 2004. 7. 26.

38
CHAPTER

서울대 교수들의
위험한 제안

서울대 교수 63명이 서울대 관악캠퍼스 부지 내에 핵폐기장을 유치하자는 건의문을 발표했다. 핵폐기장이 주민 안전에 전혀 문제가 되지 않는다는 과학적 확신과 국가와 사회의 큰 짐이 되고 있는 문제를 외면할 수 없다는 애국심에서 나서게 됐다는 것이다. 부안사태를 불러온 산업자원부는 "우리 사회의 중심축이 주도적으로 살아 움직이는 느낌"이라며 고무적인 반응을 보였다 한다.

핵발전이나 핵폐기물 문제로 대학교수들이 집단적인 움직임을 보이는 일은 드물기는 해도 견줄 만한 사례가 전혀 없는 것은 아니다. 몇 년 전 독일에서도 저명한 교수 300여 명이 서명운동을 벌이고 기자회견을 연 적이 있다. 핵발전 회사들이 지불하는 손해보험료가 핵사고 시 인근 주민들의 재산상·인명상의 피해를 감당하기에는 턱없이 낮기 때문에 대폭 올려야 한다는 것이 이들의 주장이었다.

핵폐기장이 절대 안전하다는 서울대 교수들의 확신과, 핵사고는 언제든지 발생할 수 있고 그 피해액은 보험회사들의 지불능력을 초과할 수밖에 없다는 독일 교수들의 우려는 사뭇 대조적이다. 이번에 건의문 작성과 발표를 주도했다는 교수는 스스로 세계적인 핵공학자임을 강조했다고 한다. 아마 자신의 확신이 과학적 합리성에 바탕을 두고 있다는 점을 내비추고 싶어서였을 것이다.

결과를 가늠할 수 없는 위험요인의 파괴력에 눈을 돌리는 독일 교수들의 태도는 사회적 합리성에 가깝다. 과학적 합리성은 핵사고의 산술적 가능성에 대해서 말할 뿐이지만, 사회적 합리성은 핵사고 발생 시 초래될 수 있는 피해에 주목한다. 과학적 합리성의 특징이 '예측 가능한 결과의 계산'이라면, 사회적 합리성의 요체는 '예측 불가능한 결과의 예방'에 있다.

문제는 서울대 교수들의 주장에서 최소한의 과학적 합리성조차도 발견할 수 없다는 점이다. 어느 나라에서든 핵폐기장 부지 선정에서 가장 중요한 판단기준은 지질학적 안정성이다. 부안주민들이 지난 6개월 동안 생업을 포기해가며 항거해온 것도 절차상의 하자 때문만은 아니었다. 위도가 지질학적으로 타당한 지역인지에 대한 충분한 검토도 없이 지원금을 앞세워 주민들의 동의를 매수하려 했기 때문이다.

지질학과 무관한 핵공학자가 주민 안전에 전혀 문제가 없다고 호언하는 것은 정상이 아니다. 관악산 지하 동굴이 암반으로 되어 있다는 말만 믿고 거리낌 없이 서명에 참여한 다른 교수들의 태도 역시 과학적 합리성과는 거리가 멀다.

보험료 인상 서명운동에 참여했던 독일의 한 저명한 사회학자는 "현대가 위험사회인 진짜 이유는 위험 그 자체보다는 위험을 감지하는 인간 능력의 완전한 마비에 있다"고 했다. 핵폐기장과 같은 위험시설은 즉흥적인 제안의 대상일 수 없다. 서울대 교수들이 뒤늦게나마 안전 불감증에서 벗어나 위험 감지능력을 회복하길 바란다.

〈서울신문〉 2004. 1. 12.

3
PART

'더 나은 미래'를 위한 선택

39
CHAPTER

「사케와 원전」을
읽으며

후쿠시마는 나에게 말 그대로 미지의 세계다. 몇 년 전 일본에
두 달 정도 머무르는 동안 꽤 많은 지방을 가봤지만 유독 후쿠
시마와는 인연이 없었다. 기억을 갖고 있지 않은 곳의 현실을 완
벽하게 재구성하는 건 불가능한 일이다. 원전사고 이후 가끔 언
론을 통해 들려오는 소식도 그곳 주민들이 견뎌내고 있을 삶의
무게를 가늠하기엔 턱없이 모자란다.

「사케와 원전」이라는 제목의 글을 다시 찾아내 읽은 것은 바
로 그 때문이었다. 이 글은 작년 여름 경제학 교수 한 분이 후쿠
시마 인근을 다녀온 후 보내왔던 대여섯 쪽 분량의 견문록이다.
담담한 필치로 써내려간 글을 읽으면서 문득 이런 생각이 들었

다. 우린 그동안 후쿠시마 인근 바다로 흘러드는 방사능 오염수와 수산물 안전에만 촉각을 곤두세웠던 건 아닐까. 그러다 보니 '그곳에 사람이 살고 있었네'라는 당연한 사실조차 간과하고 있었던 것은 아닐까.

글쓴이의 마음을 가장 아프게 했던 곳은 미나미소마시南相馬市의 오다카구小高區였다고 한다. 오다카는 미나미소마시에서 지진해일의 피해가 가장 컸던 곳이다. 하지만 파괴된 주택은 3,771세대 가운데 1,362세대로 조사돼 60% 이상은 온전히 남아 있다고 한다. 오다카가 자랑하는 상점가는 옛 모습 그대로이고 역사 주변의 자전거 주차장에는 수백 대의 자전거가 열을 지어 주인을 기다리고 있더라는 것이다. 그런데 정작 문제는 사람이 보이지 않는다는 점이었다. 1만 명이 모여 살던 마을은 통째로 유령도시로 변한 듯이 보였다.

「사케와 원전」이 전하는 이야기 가운데 단연 눈길을 끄는 것은 후쿠시마대학 시미즈 교수의 특강 내용이었다. 시미즈 교수는 지역경제 전공자이지만 오래전부터 체르노빌 원전사고에 대해 연구를 해왔던 학자다. 그는 원전의 위험성에도 불구하고 후쿠시마 주민들이 원전을 유치한 이유로 3가지를 꼽았다 한다. 첫째는 '후쿠시마 티베트론'이다. 다른 지역에 인구를 뺏겨 곤란을 겪고 있는 지역의 비애가 원전을 불러들인다는 것이다. 둘째는 '지역발전 기폭제론'이다. 이 논리는 원전을 유치하면 관련 산업이 들어와 경제적 파급효과가 클 것이라는 기대감으로 요약된다. 셋째는 국책사업에 협력하면 자신들의 안전은 국가가 책임질 것으로 믿는 '국가시책 협력론'이다.

하지만 주민들의 기대와 달리 원전이 지역경제에 미친 효과는 크지 않았다고 한다. 원전 1기를 짓는 데는 수조 원이 투입되기 때문에 일시적으로는 건설경기 붐을 일으켰지만 건설이 마무리된 후에는 곧 축소될 수밖에 없었다. 반면 인건비 등을 포함해 한번 팽창한 지방경비는 줄어들지 않아 결국에는 지방재정에 나쁜 영향을 미쳤다는 것이다.

시미즈 교수는 후쿠시마의 원전사고를 환경부담의 '다단계 이전 구조'라는 시각으로 설명한다. 도쿄와 수도권이 대량 소비하는 전기는 후쿠시마와 니가타 원전이 공급하고 있다. 그리고 원전에서 사용한 핵연료는 아오모리현의 6개 촌에서 재처리한다. 방사능은 점차 멀리 그리고 가난한 지역으로 이전되고 있다는 것이다.

가장 뼈아픈 문제는 후쿠시마 원전사고로 갈라진 사람들의 마음이다. 특히 방사능을 피해 떠났던 사람들과 남아 있는 사람들 사이에 팬 갈등의 골은 깊다고 한다. 남은 사람들은 '오염을 제거하고 나니까 돌아오느냐'고 불만을 터뜨리고, 피난 후 다시 돌아오려는 사람들은 '부모들의 일로 아이들까지 희생해야 하는가'라고 반문한다. 농민들과 소비자들의 대립도 심각하다. 농민들은 '허용치 미만이니까 먹어도 된다'고 하고, 소비자들은 '제로가 아니기 때문에 먹을 수 없다'고 한다. 피해자끼리 반목하고 피해자를 가해자로 취급하는 어처구니없는 일이 벌어지고 있는 것이다. 그뿐만이 아니다. 보상을 받을 수 있는 사람과 받을 수 없는 사람, 많이 받는 사람과 적게 받는 사람 사이에도 다툼이 생긴다. 보상 대상지역 지정이 바뀌면서 보상금액이 줄어든 경우에는 갈등이 특히 심각하다.

최근 후쿠시마현은 2040년까지 에너지의 100%를 재생에너지로 공급하겠다는 야심찬 계획을 발표했다. 원전사고가 빚은 재앙을 지역 발전의 새로운 기회로 바꾸겠다는 것이다. 흥미로운 것은 목표 실현을 위한 지렛대로 '커뮤니티 에너지 전략'에 주목하고 있다는 점이다. 이 전략은 주민들이 참여하는 지역 분산형 에너지 체제를 정착시켜 현이 자급할 수 있을 만큼의 열과 전기를 공급하겠다는 것으로 요약된다. 시미즈 교수는 곧 우리나라를 방문할 계획이다. 후쿠시마의 오늘과 미래를 가감 없이 듣게 되길 기대한다.

<전기신문> 2014. 2. 12.

40
CHAPTER

우린 늦게
출발해도 되나?

지난 19일 대한상공회의소 등 산업계가 정부와 국회에 온실가스 감축목표 재조정과 배출권 거래제 시행 연기를 요청한 것으로 알려졌다. 산업계가 기후변화 대응 관련 입법 저지와 온실가스 감축정책의 무력화에 총력전을 펴왔다는 점에 비춰 보면 놀라운 일은 아니다. 그러나 이번에는 도를 넘어도 한참 넘었다는 생각을 지울 수 없다. 법률이 정하고 있는 온실가스 감축정책의 기본 뼈대까지 허물자는 것은 상식에 어긋날뿐더러 장기적으로는 국가 경제에도 큰 부담을 줄 것이기 때문이다.

온실가스 감축목표를 수정하게 되면 국가는 욕을 먹더라도 기업들의 부담은 당장 줄어들지도 모른다. 하지만 그다음이 문제다. 2020년 이후 온실가스 감축을 둘러싼 국가 간 협상은 2015년까지 완료될 예정이다. 가이드라인은 이미 나와 있다. 지구 평균기온이 산업화 이전에 견줘 2℃ 이상 상승하는 것을 억제한다는 것이다. 우리나라는 1인당 배출량, 역사적 책임, 지불 능력 등 어떤 기준을 들이대더라도 과감한 감축을 요구받게 되어 있다. 이런 조건에서 국제사회의 신뢰까지 잃게 되면 숙제를 하지 않은 책임은 나중에 더 큰 부메랑으로 돌아오게 된다.

산업계는 감축목표 수정의 근거로 2010년 온실가스 배출량이 예측치를 초과했다는 점을 들고 있다. 하지만 2009년까지 연평균 1.5% 증가에 그치던 배출량이 2010년 들어 전년 대비 9.8%나 폭증한 것은 철강산업의 호황에 따른 대대적인 설비 증설에 기인한다. 불과 3년 후인 지금은 어떤가. 정반대의 상황이다. 현재 세계 철강업계의 과잉설비는 5억t가량으로서, 중국이 주도하고 있는 과잉 공급구조는 단기간에 해소되지 않을 전망이다. 이는 감축목표를 수정해야 한다는 주장이 과거의 비정상적인 배출량 증가가 되풀이될 것이라는 잘못된 전제에서 출발하고 있음을 단적으로 드러내고 있다.

전 세계 배출량의 약 1.4%를 차지하고 있는 우리나라의 감축목표가 국제사회가 목표로 삼고 있는 감축량에 비해 과도하다는 것도 착시효과를 노린 주장이다. 한 국가의 감축 책임은 단순히 세계 배출량에서 차지하는 비중만으로 결정되지 않는다. 국가마다 인구와 경제수준이 다르기 때문이다. 오히려 중요한 것은 1인당 배출량이다. 우리나라의 1인당 이산화탄소 배출량은 13.0t으로서 독일(9.7t)과 일본(10.4t) 등 경제대국들을 훨씬 앞지르고 있다. 문제는 최근 몇 년간 온실가스 배출량 증가속도가 GDP 성장률보다 빠르다는 점이다. 이런 상황이 지속되면 우리나라는 고비용·비효율 경제를 대표하는 '갈색국가'로 전락할 수밖에 없다.

미국과 중국 등 다른 국가들의 움직임은 우리보다 훨씬 기민하다. 오바마 정부는 의회의 동의가 필요 없는 행정명령으로 화력발전소에 대한 탄소배출량 규제에 나서고 있다. 배출권거래제보다 훨씬 강력한 방식이다. 11월 5일 치러진 버지니아 주지사 선거에서는 민주당의 테리 매컬리프 후보가 기후변화의 실체를 부정해왔던 공화당 켄 쿠치넬리 후보를 근소한 차로 누르고 이겼다. 기후변화를 우려하는 보수적인 공화당 지지자들도 늘어나고 있음이 많은 여론조사에서 확인되고 있다. 내년 6월 미국 환경보호청EPA은 가동 중인 석탄화력발전소를 대상으로 한층 강화된 탄소배출량 규제 기준을 발표할 예정이다. 에너지시장도 발 빠르게 반응하고 있다. 올해 처음으로 신규 발전소 건설에서 재생에너지가 석탄과 석유를 추월했고 총 39기의 석탄화력발전소가 가동을 중단하거나 폐쇄될 예정이다.

중국은 올 6월 선전시를 시작으로 11월 말에는 베이징과 상하이에서 배출권거래제를 개시했다. 내년이면 중국은 EU에 이어 세계 2위의 탄소 거래시장으로 부상하게 된다. 중국은 배출권거래제와 함께 배출량쿼터제 실시도 저울질하고 있다. 이 조치가 현실화되면 제13차 5개년 계획이 시작되는 2016년부터 탄소배출량 최대 허용치를 명시하고 이를 위반하는 기업은 처벌을 받게 된다. 중국은 2020년까지 GDP 원단위 기준으로 2005년 배출량에 견줘 온실가스를 40~45% 줄일 계획이다. 중국 정부는 자국의 온실가스 배출량이 2025년경 정점頂點에 도달하기를 희망하고 있는 것으로 알려졌다. 2015년 파리에서 열리는 기후변화 총회에서는 온실가스 감축 의무를 둘러싼 협상에 중국이 적극적으로 나설 가능성이 크다.

최근 바르샤바 기후변화 총회에서는 2020년 이후 감축목표를 2015년까지 제출하는 것으로 구체적인 시간표가 짜였다. 이미 경주 시작을 알리는 방아쇠가 당겨진 셈이다. 이런 마당에 우린 늦게 출발하자는 산업계의 태도가 과연 현명한 것일까.

〈중앙일보〉 2013. 12. 28.

41
CHAPTER

국가 에너지 정책,
밑그림부터 잘 그려야

올해는 국가 에너지 정책의 밑그림을 그리는 매우 중요한 시기다. '2차 국가에너지기본계획'과 '4차 신재생에너지기본계획'이 수립될 예정이고, 에너지 분야와 떼려야 뗄 수 없는 온실가스 감축목표 달성 이행을 위한 로드맵 수립도 현재진행형이다. 국가에너지기본계획이 집을 잘 짓기 위한 설계도라면, 신재생에너지기본계획은 집이 무너지는 것을 막는 기둥과 들보와 같다. 온실가스 감축 로드맵 수립은 품질확보와 안전사고 예방을 위한 감리에 해당한다. 모두 국가 운영의 철학과 세계적인 패러다임 변화에 대한 안목이 필요한 일이다.

하지만 우리 앞에 놓인 현실은 결코 녹록치 않다. 반복되는

'더 나은 미래'를 위한 선택

전력난과 송전망 갈등 등은 공급 중심의 에너지 정책이 더 지속될 경우 국가적인 위기를 부를 수도 있음을 알리는 경고음이다. 최근 세계 에너지 정책의 흐름을 이끌고 있는 에너지효율 개선과 신재생에너지 확대에서도 우리나라가 거둔 성적은 낙제점에 가깝다. 기후변화 대응도 마찬가지다. 온실가스 배출량 증가를 주도하고 있는 발전 부문에서 획기적인 변화가 없는 한, 오는 2017년경 우리나라는 독일을 추월해 세계 6위의 배출국으로 올라설 것으로 예상된다. 그렇게 되면 박근혜 정부는 국내외로부터 시대의 흐름을 역주행한 '회색정부'라는 비판을 받게 될 것이다.

문제는 위기의식과 타개 역량의 부재다. 대통령은 과거의 패러다임에 얽매이지 말고 지속가능한 에너지 정책을 마련하라고 주문하지만, 현 정부가 공급 위주의 패러다임에서 탈피할 것이라는 징후는 보이지 않는다. 우리나라의 에너지 정책은 예나 지금이나 산업정책과 물가정책의 보조수단에 불과했다. 시장 실패를 개선하기보다는 오히려 가격구조를 왜곡시켜 에너지 소비의 비효율성을 초래해왔던 것은 다름 아닌 정부였다. 세계의 흐름과 달리 정부의 신재생에너지 투자는 뒷걸음질치고 있다. 신재생에너지 지원 예산은 2011년 1조 원 규모로 정점을 찍은 후 지난해 9,778억 원, 올해 8,600억 원으로 크게 줄었다. 현장에서

"변화는 물 건너갔다"는 얘기가 나오는 것도 무리가 아니다.

실타래처럼 엉켜 있는 난제를 풀어가려면 "에너지를 쓰고 싶은 만큼 얼마든지 공급하겠다"는 사고방식부터 버려야 한다. 에너지를 값싸게 무한대로 쓸 수 있던 시대는 지나갔다. 어떤 에너지든 이용에는 그 대가가 따른다. 에너지원별로 차이가 있을 뿐이다. 그렇다면 경제성, 안전성, 지속 가능성 등 모든 측면에서 가장 유리한 에너지원은 무엇인가. 그건 2009년 미국의 시사주간지 「타임스」가 제5의 에너지로 꼽았던 '에너지 절약'이다. '절약이 이루어지는 바로 그곳이 발전소'라는 뉴 패러다임은 이미 많은 국가에서 에너지 정책의 핵심으로 자리 잡았다.

우리나라에서도 절전이 발전소를 건설하는 것과 같은 효과가 있다는 의미의 '국민발전소' 건설운동이 있다. 하지만 제도가 뒷받침되지 않은 채 계몽에 머물러 기대만큼의 효과를 거두지 못하고 있는 게 문제다. 전국 방방곡곡 어디서나 국민발전소가 건설되려면 수요 억제를 위한 적정한 가격 시그널과 고효율 주택 및 제품의 이용을 견인할 강력한 에너지효율 개선 프로그램이 병행되어야 한다.

두 번째는 소규모 분산형 발전시스템의 확충이다. 전력 다소비 시설과 발전소 입지의 불일치로 수도권 방향의 송전망은 이미 포화 상태에 도달해 있다. 지역 주민들의 일방적인 희생을 강요하는 초고압 송전선로 건설은 더 이상 가능하지도 바람직하지도 않다. 중앙집중식 대형 발전소 건설에 따른 사회적 비용을 줄이려면, "작은 것이 아름답다"는 생태학의 기본 원리를 받아들여야 한다. 대규모 전력 소비지에는 집단 에너지, 자가 발전시설, 신재생에너지 등 분산형 전원과 에너지 저장 시스템의 보급을 확대해 대형 발전소에 대한 의존도와 원거리 송전의 필요성을 낮추어야 한다.

셋째, 과거와 현재의 상황 논리에 갇혀 미래의 가능성까지 재단하는 우를 범하지 말아야 한다. 당장 경제성이 상대적으로 떨어진다는 이유로 미래의 에너지원인 신재생에너지를 홀대해서는 곤란하다는 뜻이다. 국토 여건 때문에 신재생에너지 확대에 제약이 많다는 주장에 휘둘려서도 안 된다. 이제 갓 경쟁력을 갖춰가고 있는 신재생에너지를 수십 년간 이런저런 방식으로 지원을 받아왔던 핵발전이나 화력발전과 동급으로 취급하는 것은 플라이급에게 헤비급의 자격을 요구하는 꼴이다. 세계의 흐름을 읽으면 답은 이미 나와 있다. 다만 필요한 것은 의지와 용기일 뿐이다.

〈전기신문〉 2013. 8. 7.

42
CHAPTER

지구촌,
'탄소 다이어트' 하자

우리나라 성인 가운데 체질량지수가 25 이상인 비만인구는 3명 가운데 1명꼴인 1,209만 명이다. 2010년 국민건강영양조사 결과다. 체질량지수가 30이 넘는 고도비만 인구는 12년 사이 2배나 늘었다. 비만이 늘어나는 이유는 많이 먹고 적게 움직이기 때문이다. 열량은 높지만 영양가는 낮은 식품도 비만의 원인으로 꼽힌다.

그렇다면 지구도 우리 몸처럼 비만 상태에 있는 것은 아닐까. 기후변화는 지구가 정크푸드처럼 건강에 치명적인 탄소를 너무 많이 섭취해서 생긴 문제다. 대기권으로 뿜어져 들어오는 이산화탄소 농도는 이미 396ppm을 넘어섰다. 올해 2월 하와이 관측

소에서 측정된 값이다. 과학자들에 따르면, 빙하기와 간빙기가 반복됐던 지난 65만 년 동안 이산화탄소 농도가 이처럼 높았던 적은 단 한 번도 없었다.

국제사회가 기후변화 협상을 통해 합의한 목표는 지구의 기온이 산업화 이전과 견줘 2℃ 이상 올라가는 것을 억제한다는 것이다. 빠르게 늘고 있는 전 세계 탄소 배출량이 2018년부터는 줄어들어야 달성 가능한 목표다. 출렁이는 지구의 뱃살을 뺄 시간이 고작해야 5년 남았다는 얘기다. 하지만 목표와 현실, 과학과 정치 사이에는 큰 간극이 존재한다. 대다수 정치가들은 지구가 비만에서 벗어나기 위해 필요한 '탄소 다이어트'에는 관심이 없다.

정치가들의 무관심과 게으름에는 그만한 이유가 있다. 다이어트는 엄청난 고통을 수반한다고 믿기 때문이다. 하지만 다이어트에도 여러 방법이 있다. 무조건 적게 먹거나 굶는다고 해서 살이 빠지지는 않는다. 꾸준한 식이요법과 스트레칭을 통해 다이어트는 고통이 아니라 기쁨이라는 사실을 깨달은 사람들도 많다. 예능 프로그램 「인간의 조건」에서 개그맨 김준호는 "자동차로 갈 수는 있어도 느낄 수는 없다"는 말로 '자동차 없이 살기 일주일'에 대한 소회를 밝혔다. 자동차를 버린 순간 자동차 바깥으로 펼쳐진 세상의 진가를 알게 된 것이다.

자동차는 몸속에 칼로리를 저장하고 싶은 사람들에겐 안성맞춤인 물건이다. 하지만 자동차를 타면 포근한 봄바람과 가로수들이 뿜어내는 신록의 내음은 포기해야 한다. 얼마 전 자전거 타기 고수로 꽤 알려진 한 주부는 이렇게 말했다. "자전거를 타다 보니까 자동차 문화가 주는 목적 중심의 문화에서 과정 중심의 삶으로 시선이 바뀌는 거예요." 나 자신과 지구를 위해 좋은 것이 무엇인지 아는 사람들은 다이어트를 고통스러운 방식으로 하지 않는다.

사실 탄소로부터 완전히 자유로운 삶은 없다. 우리는 먹고, 입고, 자고, 씻고, 일하고, 이동하는 모든 과정에서 탄소를 내뿜는다. 중요한 건 그 대가를 지불할 의사가 있느냐는 것이다. 자동차를 편리한 생활을 보장해주는 보험증서처럼 여기는 사람들은 언젠가는 그 대가를 치러야 한다. 체중계 위에서 스트레스를 받거나 아니면 시간과 돈을 투자해 살 빼기에 돌입하거나. 유럽의 몇몇 국가에서 도입한 '비만세肥滿稅'처럼 탄소세를 무는 것도 한 방법이다.

지구 구성원들은 정확히 자신의 생존에 필요한 만큼만 자연에서 얻어 소비한다. 하지만 예외도 있으니 바로 우리 인간이다. 역사 속에서 인간은 다른 생명체들과는 다른 길을 걸어왔다. 인간의 존재 이유이자 목표는 필요를 넘어선 축적, 다시 말해서 욕망의 끊임없는 확대재생산이었다. 그런 점에서 탄소 다이어트는 '욕망의 다이어트'이기도 하다. 지구의 날을 맞아 생각해본다. 인류는 기후변화와의 전쟁에서 승자가 될 수 있을 것인가? 나는 그렇다고 생각한다. 녹색을 진정한 '자유'로 받아들이면서, 멋있고 세련되고 즐겁게 욕망을 다이어트하려는 호혜적 인간들의 등장을 예감하기 때문이다.

〈중앙일보〉 2013. 4. 24.

43
CHAPTER

'더 나은 미래'를
위한 선택

2012년은 우리나라와 미국에서 대통령 선거가 거의 동시에 치러졌던 해였다. 당시 미국에서는 대통령 선거인단 선거를 앞두고 한숨을 쉬는 사람들이 많았다고 한다. 선거운동 과정에서 환경 의제들이 실종되었기 때문이다. 대선마다 후보들이 입씨름했던 기후변화 이슈도 이번에는 우선순위에서 밀렸다. 오죽했으면 미국의 싱크탱크 '포린 폴리시 인 포커스FPIF'가 오바마와 롬니가 토론해야 할 6가지 글로벌 이슈 중 하나로 기후변화를 지목했을까 싶다.

사실 두 후보의 차이가 없는 건 아니었다. 2012년 8월 오바마 정부는 오는 2025년까지 자동차 연비를 지금의 2배에 가까운 수준으로 개선하는 내용의 새 연비 기준을 확정해 발표했다. 이 기준이 적용되면 2025년까지 미국의 석유 소비량은 120억 배럴, 이산화탄소 배출량은 60억t가량 줄어들고 자동차 한 대당 연료비를 매년 700달러씩 절약할 수 있게 된다.

공화당의 롬니 후보는 새 연비 기준에 대해 반대 의사를 표명하고 나섰다. 미국인들의 자동차 선택권을 제한하고, 연료비 절약 효과는 저연비 자동차들을 폐기할 때 드는 비용과 상쇄된다는 이유를 내세웠다. 롬니 후보는 기후변화의 원인에 대해서도 오락가락하는 태도를 보였다. 2010년 자신의 책『사과는 없다No Apology』에서 "인간의 활동이 기후변화에 영향을 미쳤다"는 점을 인정했지만, 선거운동 과정에서는 "우리는 기후변화의 원인이 무엇인지 모르고 있다"고 말을 바꿨다.

하지만 오바마 후보에게도 원대한 비전과 꿈이 보이지 않는다는 비판의 목소리가 컸다. 지구온난화에 맞서 싸워나가겠다던 4년 전보다 열정이 식은 게 아니냐는 것이다. 하지만 재선 후 오바마 대통령은 '대통령 기후변화행동계획'을 발표함으로써 지지자들의 우려를 말끔히 씻어냈다. 그는 워싱턴 DC 조지타운대 연설에서 "석탄을 연료로 하는 모든 발전소의 오염물질 배출을 제한하겠다"며, "우리의 아이들과 모든 미국인들의 건강과 안전을 위해 이런 행동을 취하게 됐다"고 밝혔다.

대중의 지지를 받는 지도자들에겐 공통점이 있다. 개별 사안에 대한 해답보다는 가치를 중시한다는 점이다. 그들은 공포보다는 희망을, 강자보다는 약자에 대한 사랑을, 체념보다는 용기를 추구함으로써 사람들의 공감을 이끌어낸다. "나에겐 꿈이 있다"는 연설로 유명한 마틴 루서 킹이 존경받는 것은 고통스러운 현실에서 괴로워하는 사람들에게 그것을 벗어날 수 있다는 희망을 심어주었기 때문이다.

　물론 꿈과 현실 사이에는 간극이 있을 수밖에 없다. 둘 사이의 괴리는 대통령처럼 영향력이 큰 사람들에게는 늘 감당할 수밖에 없는 무거운 짐인지도 모른다. 꿈을 이루기 위해 시작한 일도 현실을 무시하고서는 이루기 어려운 게 세상사의 이치다. 꿈과 현실의 거리가 너무 벌어지게 되면, 사람들은 현실도피와 자기 합리화 중 하나를 선택하게 된다. 하지만 꿈꾸기를 멈추는 것처럼 불행한 일도 없다. 꿈과 비전을 보여주지 못하는 지도자는 존재 이유를 의심받게 된다. 자신의 꿈을 국민과 나누면서 미래를 열어나가는 것이 지도자가 할 일이다.

　우리나라에서도 대선 후보들의 정책 경쟁은 미국 못지않게 뜨거웠다. 비방이 가열되기 전까지만 해도 후보들이 내놓는 공약들은 잇달아 여론의 검증대에 올랐다. 그런데 공약 평가에는 늘 '실현 가능성'이라는 기준이 따라다니기 마련이다. 익숙한 패러다임에서 조금만 벗어나면 실효성이 부족하다는 비판이 쏟아진다. 그러다 보니 오늘과 내일을 위한 정책은 있지만, 수십 년 후를 내다보는 긴 안목에 대한 논의와 검증은 위축될 수밖에 없었다.

하지만 눈을 바깥으로 돌려보면 이해하기 어려울 정도로 야심 찬 목표를 가진 국가들이 많다. 후쿠시마 원전사고 이후 탈원전에 나선 독일, 2021년까지 탄소 중립국을 실현하겠다는 코스타리카, 20여 년 후에는 에너지를 100% 청정에너지만으로 공급한다는 계획을 세운 사우디아라비아 등이 좋은 예다. 그들의 특징은 지금 당장 어렵다는 이유로 주저하기보다는 '더 나은 미래'를 위해 과감한 선택을 했다는 점이다.

이 세상에는 진보와 보수, 부패와 반부패의 경쟁보다 더 중요하고 절박한 문제들이 많다. 지구온난화는 '살아남을 것인가, 아니면 멸망할 것인가?'를 결정하는 생존의 문제다. 사람들은 밥을 가장 중요하게 여긴다. 대선에서 경제공약에 관심이 쏠리는 것은 바로 밥이 인간의 기본적인 생존 조건이기 때문이다. 하지만 밥도 결국 생태계에서 나온다. 지구가 존속할 수 없다면 밥도 있을 수 없다.

현실과의 씨름은 피할 수 없다. 나쁜 공약을 걸러내려면 검증이 필요하고 실효성이라는 잣대도 갖다 대야 한다. 하지만 그것만으로는 부족하다. 자칫하면 낡은 설계도만을 찾게 돼 '그 나물에 그 밥'이 될 수도 있다. 헛공약이 난무하는 대선도 문제지만, 현실의 덫에 포획돼 꿈조차 꿀 수 없는 선거라면 그 또한 얼마나 허무한 일인가.

〈경향신문〉 2012. 10. 25.

44
CHAPTER

'녹조 라떼'의
창조자들

녹조綠潮는 물속을 부유하는 조류藻類가 대량 증식해 물 빛깔이 짙은 녹색으로 변하는 현상이다. 심한 경우에는 물 표면에 양탄자처럼 두꺼운 층이 형성된다. 이런 상태가 오래가면 독성 물질이 배출되고, 산소가 부족해져 물고기들이 떼죽음을 당하기도 한다.

호수나 강에서 녹조를 일으키는 것은 대부분 박테리아와 모양이 비슷한 남조류다. 드물지만 봄철에 규조류나 와편모조류渦鞭毛藻類가 번성하는 때도 있다. 이때에는 물이 황갈색이나 적갈색을 띠기 때문에 녹조라 하지 않고 담수 적조라 부른다.

녹조의 원인은 웬만한 수질 교과서에 잘 나와 있다. 먼저 인이나 질소 같은 영양염류가 많아야 한다. 영양염류는 식물에는 밥과 같은 존재다. 적당한 양이 있으면 식물을 자라게 해 생태계 유지를 돕는다.

문제는 양이 과하게 많을 때다. 영양염류를 과식한 조류들은 폭발적으로 수를 늘려 물속을 점령하게 된다. 하지만 인이나 질소가 많다 해서 녹조가 저절로 발생하는 건 아니다. 충분한 햇빛과 높은 수온, 그리고 긴 체류시간이라는 삼박자가 맞아야 한다.

햇빛은 광합성의 필수요소다. 그늘이 짙게 드리운 곳에서는 광합성에 불리해 조류가 좀처럼 늘어나지 않는다. 실개천이나 작은 강가에서 나무를 베지 말아야 하는 이유가 바로 여기에 있다. 따뜻한 물은 조류의 활동력을 배가시킨다. 차가운 물에서 조류가 번성하는 경우는 드물다. 물이 아래로 흐르는 속도를 말하는 체류시간도 빼놓을 수 없다. 흐르는 물에서는 조류가 증식하기에 충분한 시간을 갖지 못한다.

'녹조 라떼'라는 신조어까지 만들어냈던 녹조 현상은 수그러들었지만, 그 원인에 대해서는 논란이 가열되고 있다.

정부는 불볕더위가 원인이라고 발뺌하고 일부 관변학자들은 녹조는 물이 흐르는 속도와 무관하다며 얼굴이 화끈거리는 거짓말까지 늘어놓는다. 예상보다 빨리 드러난 4대강사업의 치부를 어떻게든 감춰보려는 속셈일 것이다. 하지만 흐르는 강물을 틀어막아 정체시키면 녹조 발생 가능성이 높아진다는 사실에는 이론의 여지가 없다. 국내외를 통틀어 조류 대번성은 모두 호수, 댐으로 막힌 강, 갑문으로 물이 정체된 운하 등에서 발생했다.

낙동강과 한강에서 발생한 녹조는 단순한 녹조가 아니다. 영어권에서 '해로운 조류 번성HAB'이라 부르는 마이크로시스티스라는 남조류의 대량 증식이 관찰됐기 때문이다.

이들이 분비하는 독성물질인 마이크로시스틴은 간세포 생리 과정에서 중요한 구실을 하는 포스파타제라는 효소의 작용을 억제한다. 동물들이 다량 섭취하면 소화불량, 황달, 호흡곤란 등의 증세를 보이며 심하면 사망할 수도 있다.

녹조로 뒤덮인 4대강을 보며 생각난 사람은 엉뚱하게도 아르헨티나의 예술가이자 환경운동가인 니콜라스 가르시아 우리부루였다.

올해 76세인 우리부루는 강에 형광물질인 플루오레세인을 뿌려 마치 녹조가 발생한 것처럼 강물을 녹색으로 물들이는 표현 방식으로 명성을 얻었다. 1976년 베니스 비엔날레에 초대된 그는 베니스운하를 녹색으로 물들여 세계의 주목을 받았다. 뉴욕의 이스트 강과 파리의 센 강을 필두로 지금까지 우리부루의 손에 의해 일시적이나마 녹색으로 물든 강은 40개가 넘는다.

1981년에는 독일 현대미술의 거장 요셉 보이스와 함께 라인 강에 녹색을 입혔고, 재작년에는 그린피스 활동가들과 부에노스 아이레스에서 가장 오염된 리아추엘로 강을 물들이기도 했다.

하지만 우리부루는 한국의 '녹조 라떼' 창조자들과는 달랐다. 그가 사용한 형광물질은 먹어도 될 정도로 해가 없고 금세 사라지는 친환경 제품이었다. 전달하려는 메시지도 강을 함부로 훼손하거나 오염시키지 말라는 것이었다. 강을 녹색으로 물들였다는 점에서는 같지만, 우리부루는 녹색퍼포먼스를 통해 4대강 보와 녹조 현상은 무관하다고 혹세무민하는 사람들에게 무언의 경고를 하는 것이다.

보가 있는 한 녹조는 여름마다 되풀이될 것이다. 더 늦기 전에 강을 다시 강답게 만드는 길을 찾아 나서야 한다.

〈경향신문〉 2012. 8. 24.

45
CHAPTER

독일은 거대한
'에너지 실험실'

노버트 로이어는 서른여섯 살의 농부다. 독일 노르트라인베스트 팔렌 주에 있는 작은 마을에 산다. 그는 농사일로 굳은살이 박인 손으로 감자와 돼지를 기르는 일을 한다. 요즘 로이어에게는 즐거운 고민이 생겼다. 몇 년 전 감자밭에 들어선 70m 높이의 풍력발전기 덕분이다. 그는 부지를 제공한 대가로 풍력회사가 전기를 판매한 수익의 약 6%를 벌어들인다. 우리 돈으로 계산해보면 연간 약 1,000만 원의 부수입이다. 최근 로이어는 발전용량이 더 큰 풍력 터빈 두세 기를 더 세워야겠다고 마음먹었다.

하지만 그에게 가장 큰 수입원은 따로 있다. 햇빛이다. 사는 집의 지붕은 물론이고 돼지우리와 헛간까지 덮은 총 690㎾의 태양광 설비에서 해마다 약 3억 원의 수입을 올린다.

로이어 이야기는 독일이라는 나라가 어떻게 재생에너지의 천국이 되었는지 보여주는 사례다. 2000년 독일의 전력공급에서 재생에너지가 차지하는 비중이 6% 정도였는데 2012년에는 23%까지 늘었다. 독일은 햇빛, 바람, 바이오매스 등이 만들어내는 에너지에 높은 가격을 쳐준다. 안전하고 깨끗한 에너지에는 그만한 대가를 보장해줘야 한다는 공감대가 있기 때문이다.

최근 독일은 거대한 '실험실'이나 다름없는 상태다. 어떤 나라도 꿈꾸지 못했던 '에너지 전환'을 추진하고 있어서다. 독일 정부는 후쿠시마 원전사고 직후 노후 핵발전소 8기의 가동을 중단하고 나머지 9기도 2022년까지 단계적으로 폐쇄한다는 결정을 내렸다. 2020년까지 온실가스를 1990년 배출량에 견줘 40% 줄인다는 목표는 그대로 유지한 채다.

바빠진 것은 에너지 기업들이다. 북해 연안에 거대한 풍력단지를 세우고 낡은 송전 설비를 교체할 계획을 짜느라 분주해졌다. 핵발전소 건설 사업에서 손을 떼겠다고 선언한 지멘스나 RWE 등 거대 기업들은, 햇빛과 바람이 잠잠한 시간에도 안정적으로 전력을 공급할 방법을 찾고 있다. 대용량 전력을 저장하고 수백만 개의 분산형 전원을 촘촘하게 연결할 수 있는 기술 개발에 박차를 가하고 있는 것이다.

독일은 제조업 비중이 유럽에서 가장 높은 국가로서 특히 산업 분야에서 대용량의 안정적인 전력공급이 필요한 나라로 꼽힌다. 재생에너지 확대에 회의적인 사람들은 햇빛과 바람이 간헐적으로 전력을 생산하기 때문에 핵발전이나 화력발전과 같은 기저발전의 존재가 반드시 필요하다는 주장을 펴왔다. 하지만 최근 독일의 엔지니어들은 이 같은 통념이 잘못된 것임을 입증해 주목된다.

독일 카셀 시 소재 프라운호퍼 풍력에너지시스템 기술연구소 연구진들에 따르면, 태양, 바람, 바이오가스처럼 서로 다른 장단점을 가진 에너지원들을 효율적으로 연계할 경우, 블랙아웃(대규모 정전)의 공포 없이 전력을 24시간 안정적으로 공급할 수 있다. 수많은 소규모 발전소들을 전력망에 연결해 컴퓨터로 제어하게 되면, 바람과 햇빛의 간헐적인 특성으로부터 발생하는 지역 간 차이는 전력망 내에서 균형을 유지하게 된다. 결국 대용량 발전소와 같은 효과를 거두게 되는데, 쓰고 남은 전력은 열에너지를 생산하거나 열에너지 형태로 저장한 다음 필요할 때 사용할 수 있다. 이 기술이 상용화되면 탈핵 에너지 전환의 길을 가고 있는 독일로서는 획기적인 돌파구가 열리게 된다.

물론 세상에 공짜는 없다. 천문학적인 비용이 수반된다. 신기술의 보급 속도와 가격 수준에 따라 달라질 수 있다. 하지만 앞으로 8년간 어림잡아 약 140조 원에서 280조 원을 들여야 할 것으로 추정된다. 이 정도면 작년 독일 국내총생산의 3.5~7%에 해당하는 막대한 금액이다. 그래도 독일인들은 뭔가 믿는 구석이 있는 눈치다. 독일의 재생에너지 분야 수출액은 연간 13조 원을 웃돈다. 이 액수는 갈수록 늘어나게 되어 있다. 재생에너지 산업이 '일자리 공장' 구실을 한다는 점도 독일 정부가 주목하고 있는 대목이다.

2012년 통계를 보면 독일에서 재생에너지 분야 종사자 수는 38만 명이 넘는다. 아직 1만 4,000명에 불과한 우리나라에 비해 27배나 많다. 이 분야 일자리가 압도적으로 많은 곳은 바이에른 주와 노르트라인베스트팔렌 주 등 구 서독지역이다. 하지만 상대적인 고용 효과는 구 동독지역에서 더 큰 것으로 나타난다. 우리나라는 2020년까지 발전량의 약 7%를 신재생에너지로 보급한다는 목표를 세웠다. 독일은 같은 기간에 재생에너지 보급을 37%까지 늘린다고 한다. 이 차이는 핵발전 확대와 탈피 정책 사이에 놓인 간극만큼이나 크고 깊다.

탈핵 에너지 전환 결정을 내린 후 독일이 거둔 성적표는 놀라울 정도다. 2011년 독일의 온실가스 배출량은 원전 8기가 멈춰 선 상태에서도 후쿠시마 원전사고 이전인 2010년에 견줘 2.9% 줄어들었다. 1990년 배출량과 비교하면 27%나 감소해 교토의정서에 따른 의무 감축목표를 일찌감치 초과 달성한 상태다. 전력 수출입 실적도 흑자를 기록했다. 2012년 독일의 전력 수출량은 수입량을 약 230억kWh(킬로와트시) 초과했다. 이는 독일 원전 2기가 1년 내내 생산하는 전력과 맞먹는다.

탈핵 에너지 전환에 대한 국민들의 지지도 역시 높은 수준을 유지하고 있는 것으로 나타났다. 최근 독일 여론 조사기관인 데크라DEKRA의 조사 결과를 보면, 독일 국민들의 약 75%는 최근 가파른 전기요금 상승에도 불구하고 독일 정부의 탈핵 에너지 전환 결정이 '옳다'는 견해를 보였다.

국내 핵발전 추진세력들은 독일의 탈핵 시도가 전력부족과 전기요금 상승, 온실가스 배출량 증가 등을 초래해 결국 성공하지 못할 것이라는 비관적인 전망을 퍼뜨려왔다. 하지만 탈핵 선언 이후 독일에서는 이들의 주장과는 정반대의 일이 벌어지고 있다. 부족할 것이라던 전기는 남아돌고, 전기요금 상승에도 탈핵 에너지 전환에 대한 국민들의 지지는 여전하며, 온실가스 배출량은 줄어들고 있기 때문이다.

우리나라 경제가 고용 없는 성장을 하고 있다는 것은 새삼스러운 일이 아니다. 고용 없는 성장이 지속한다는 것은 성장의 과실이 국민에게 골고루 돌아가지 못한다는 얘기다. 고용을 늘리려면 대기업 위주의 성장방식에서 벗어나 재생에너지 등 일자리 확대 효과가 큰 분야에 국가의 역량을 쏟아부어야 한다.

독일이 에너지 전환에 성공한다면 여러 나라가 독일의 뒤를 따르게 될 것이다. 그렇게 되면 세계적으로 핵에너지가 설 자리는 더욱 좁아지게 된다. 독일이 수많은 난관을 뚫고 사상 초유의 실험에 성공할 수 있을지 지켜볼 일이다.

〈경향신문〉 2012. 7. 5.

46
CHAPTER

지구온난화
재촉하는 댐

흐르는 강물을 댐으로 막아 만든 인공호수는 콜라병과 비슷한 구석이 있다. 콜라병은 이산화탄소가 잘 녹아들어 갈 수 있도록 압력을 높이고 뚜껑으로 막아놓은 것이다. 뚜껑을 열면 콜라 속에 탄산 형태로 녹아 있던 이산화탄소가 '펑' 소리를 내며 빠져나온다. 압력이 높을수록 더 많은 기체가 녹아들어 가는 현상은 '헨리의 법칙'으로 잘 알려졌다.

헨리의 법칙은 호수에도 적용된다. 콜라병의 뚜껑이 닫혀 있을 때와 열렸을 때의 압력 차이는, 깊은 수심에 가해지는 수압과 비교하면 아무것도 아니다. 물속 2m만 잠수해도 고막이 터질 것처럼 아픈 것은 높아진 수압 때문이다. 그렇다면 깊은 호수에서 콜라병 뚜껑 역할을 하는 것은 무엇일까. 수온약층Thermocline이라 부르는 얇은 층이다. 수온약층은 밀도가 높은 하층의 차가운 물과 상층의 따뜻한 물 사이에 형성되기 때문에 아랫물과 윗물이 섞이는 것을 막는다.

수온약층은 보통 수심이 10m 이상인 깊은 호수에서 형성된다. 이 층이 없는 호수는 뚜껑이 열려 있는 김빠진 콜라병과 같다. 호수의 깊은 층에 있던 메탄은 수면으로 올라오는 과정에서 이산화탄소로 산화되어 천천히 공기 속으로 방출된다. 수온약층이 형성된 호수에서는 정반대다. 위아래 물이 섞이지 않아 메탄은 표층으로 올라올 수 없다. 호수 바닥에 용해되어 가라앉아 있던 메탄은 심층수에 섞여 방류되거나 수력발전소의 터빈이 돌아가는 과정에서 가스 형태로 방출된다. 이 경우 콜라병 뚜껑을 열 때와 같은 현상이 벌어지는 것이다.

대규모 댐이 사회와 환경에 미치는 부정적인 영향은 잘 알려졌다. 주민들의 이주 과정에서 지역공동체가 파괴되는가 하면, 강 생태계가 단절되고 녹조가 번성하는 등 수질이 나빠지기도 한다. 댐들은 주로 가난하고 문맹률이 높은 농촌지역에 건설되지만, 생산된 전력은 대부분 도시가 소비하기 때문에 지역 간 형평성에 어긋난다는 지적도 만만치 않다. 그런데 최근 과학자들이 다시 댐에 주목하는 이유는 그곳에서 뿜어져 나오는 메탄가스 때문이다. 댐으로 흐르는 물을 가두면 물에 잠기는 식물과 상류에서 흘러들어온 유기물질들이 댐 상류의 바닥 부근에서 썩게 된다. 이때 부산물로 발생하는 메탄가스는 이산화탄소보다 지구온난화 영향력이 25배나 강력한 온실기체다.

석탄이나 석유를 태우지 않는다 해도 메탄가스를 다량 방출한다면 지구온난화의 대안이 될 수 없음은 자명하다. 2007년 브라질 국립우주연구소INPE는 댐이야말로 단일 인공구조물 가운데 메탄을 가장 많이 내뿜는 배출원이라고 주장했다. 열대우림 지역의 수력발전소가 방출하는 메탄가스에 포함된 탄소의 양이 같은 규모의 화력발전소가 내뿜는 양보다 4배나 많은 것으로 조사됐다는 것이다. 이 연구소의 계산에 따르면 전 세계 대형 댐들이 해마다 방출하는 메탄의 양은 이산화탄소 8억 5,000t과 맞먹는다. 이는 세계에서 이산화탄소를 일곱 번째로 많이 내뿜는 우리나라의 국가 배출량을 훨씬 웃도는 양이다.

최근 대규모 수력발전이 청정에너지가 아니라는 주장이 거세지고 있는 것은 바로 이런 이유에서다. 브라질 아마존 유역 벨로 몬테 댐 건설 저지운동에는 영화 「아바타」의 감독 제임스 캐머런과 가수 스팅 등 많은 유명 인사들이 지지 의사를 밝혔다.

댐이라는 말은 중세 네덜란드에서 처음 사용됐다고 한다. 네덜란드 도시들의 이름은 강 이름과 네덜란드어로 댐을 뜻하는

'담'을 조합해 만들어진 것이 많다. 예컨대 암스테르담과 로테르 담은 암스텔 강과 로테 강에 댐을 붙여 만든 이름이다. 오늘날 전 세계에는 약 80만 개의 댐이 있는 것으로 추정된다. 그중 약 4만 개는 높이 15m 이상의 대형 댐이다.

그렇다면 소형 댐은 문제가 없는 것일까? 2013년 7월 미국화학 학회ACS가 펴내는 학술지 「Environmental Science & Technology」에 등재된 한 논문에 따르면, 소형 댐들은 지금까지 알려진 것보다 메탄을 훨씬 많이 방출한다. 연구진은 수심 15m 이하인 유럽의 6개 댐이 방출하는 메탄의 양을 조사한 결과에 근거해, 댐으로 막힌 강들은 전 세계 담수가 방출하는 메탄가스 양을 7%까지 증가시킬 수 있을 것으로 내다봤다.

소형 댐들이 지닌 문제점은 2013년 6월 수자원 분야의 저명 한 학술지 「Water Resources Research」에 실린 미국 오리곤 주 립대학 연구팀의 논문에서도 확인된다. 이 논문의 요지는 1MW의 전력 생산을 가정할 때 지류에 건설된 작은 댐들은 누적 환경 영향 면에서 대형 댐보다 부정적인 영향이 더 클 수 있다는 것 이다. 특히 소형 댐들이 생물다양성에 미치는 누적 영향은 대형 댐들에 견줘 100배나 더 큰 것으로 조사되었다. 이 연구는 중국 운남성의 누 강Nu River 유역을 중심으로 진행되었는데, 이곳은 50MW 미만의 전력을 생산하는 수많은 소형 댐들이 경사가 급한 지류에 건설된 지역이다.

우리나라에서도 4대강에 건설된 대형 보의 부정적인 영향을 둘러싼 논란이 뜨겁다. 최근의 연구 결과들을 고려하면, 지금까지 알려진 4대강 보의 폐해는 빙산의 일각에 불과한 것인지도 모른다. 객관적인 검증을 통해 판단해야 할 문제지만, 우리나라 강들도 녹조라떼 유발자를 넘어 거대한 메탄 배출원으로 변해가고 있는 것은 아닐까?

〈경향신문〉 2012. 6. 14.

47
CHAPTER

원전이 필요악이라는 미신

가끔 '의도하지 않은 생태적 자살'이라는 구절을 떠올릴 때가 있다. 『총, 균, 쇠』라는 책으로 잘 알려진 미국의 지리학자 제레드 다이아몬드가 썼던 표현이다. 그는 자신의 책 『붕괴-사회는 성공과 실패를 어떻게 선택하는가』에서 무절제한 환경파괴로 몰락해가는 문명을 그렇게 비유했다. 이 세상에서 스스로 목숨을 끊는 것처럼 모진 일은 없다. 모질다 못해 때로는 가장 차원 높은 실존적인 행위로 비치기도 한다. 그런데 '의도하지 않았던 자살'이라는 것이 있다면 그건 훨씬 더 비극적일 수밖에 없을 것이다. 무슨 일을 하고 있는지 감각을 잃은 상태에서 자신의 목을 두 손으로 조르고 있는 누군가의 모습을 상상해보라.

작년 일본 후쿠시마에서 일어난 원전사고가 그랬다. 그 누구도 의도하지 않았던 재앙. 심지어 부패와 무책임으로 비난을 받았던 동경전력도 원전사고를 의도적으로 일으켰다고는 보기 어렵다. 하지만 의도가 없었다 해서 면죄부가 주어지는 것은 아니다. 1년 전 후쿠시마에서 목도했던 '의도하지 않은 자살'의 배후는 '원전은 100% 안전하다'고 혹세무민했던 원전 추진론자들이었다. 거대 과학기술을 완벽하게 통제할 수 있다는 미신은, 인간이 신의 역할을 대신할 수 있다는 무모함과 오만에서 비롯된다. 하지만 기술만능주의만으로는 설명하기 어려운 점도 있다. 이웃나라 일본이 겪고 있는 핵 재앙을 보고도 이명박 정부가 거침없이 원전 건설에 올인할 수 있는 것은 왜일까?

그건 나름 믿는 구석이 있기 때문이다. 사용 후 핵연료를 재처리하면 핵무기 원료인 플루토늄을 얻게 된다. 이승만 대통령이 원자력연구소를 군사기지 근처에 설치할 것을 지시하면서 은밀하게 원자탄 제조 가능성을 타진했다는 것은 더 이상 비밀이 아니다. 1970년대에 고리 원전 1호기를 건설한 박정희 정권의 목적도 전기 생산보다는 핵무기 개발을 겨냥한 핵기술 보유였다. 사실 핵무장론은 일부 언론과 보수 정치인들이 기회가 있을 때마다 꺼내는 단골메뉴다. 몇 년 전 여론조사에서는 북한 핵실험에 맞서 남한의 핵무기 보유를 지지하는 국민이 67%이나 됐다. 상당수 국민들의 무의식 속에는 유사시 남한의 핵무장을 위해서라도 원자력은 필요하다는 심리가 깔려 있는 것이다. 하지만 '눈에는 눈, 이에는 이' 방식의 접근이 위기를 도리어 증폭시킨다는 것은 냉전시대를 거치면서 굳어진 상식에 속한다.

두 번째는 원자력이 값싼 에너지라는 거짓이다. 정부 발표로만 보면 원자력은 화석에너지나 재생가능에너지에 비해 발전단가가 낮다. 이는 원전을 포기하게 되면 전기요금이 폭등할 것이라는 주장의 근거가 되기도 한다. 하지만 원자로 폐기와 핵 폐기장 건설에 들어갈 비용을 포함시키고 턱없이 낮게 책정된 손해배상 책임보험료를 현실화하는 순간, 원전의 실제 발전단가는 치솟게 되어 있다. 이런 사실은 지난해 11월 일본 정부가 '비용 등 검증위원회'를 구성해 추산한 전원별 발전비용을 보면 분명하게 드러난다. 사회적 비용까지 감안하면 원전은 화력발전보다 비싸다.

원전을 줄이면 전력 부족으로 대규모 정전사태가 발생할 수 있다는 막연한 두려움도 있다. 원전 비판여론의 확산을 막는 가장 강력한 힘은 '편리한 삶을 포기해야 할 수도 있다는 불안감'인지도 모른다. 하지만 가상의 전력난과 불편함을 걱정하기에 앞서 알아두어야 할 것이 있다. 원전 중심의 에너지 정책이 오히려 전력공급의 위기를 몰고 올 수 있다는 사실이다. 프랑스는 전력의 76%를 원전에 의존하고 있지만, 올겨울 매서운 한파로 전력 소비량이 사상 최고치를 기록하면서 인접 국가들로부터 전기를 수입해야 했다. 이는 원전을 점진적으로 줄여나가면서 에너지효율을 높이고 재생가능에너지를 확대해 오히려 전기를 수출하고 있는 독일과 대비되는 사례다.

얼마 전 에너지대안포럼이 '2030 에너지 대안 시나리오'를 발표하자 관련 정부기관들이 술렁였다 한다. 전력 수요관리를 제대로 하면서 원전을 줄여나가면 환경, 고용, 비용 측면에서 이점이 많다는 결과가 나왔기 때문이다. 원전은 과연 필요악인가. 아니다. 원전 없이도 잘 살 수 있다는 사실을 깨닫는 것은 빠르면 빠를수록 좋다.

〈내일신문〉 2012. 3. 14.

48
CHAPTER

한파에 무너진
원자력 신화

독일과 프랑스는 라인 강을 끼고 마주 보고 있는 숙명적인 이웃
이다. 한쪽 강기슭에서 "어이" 하고 외치면 맞은편에서도 "어이"
하고 받을 만큼 가까운 곳도 있다. 늘 얼굴을 맞대고 살아야 하
는 이웃은 사이가 좋아야 한다. 하지만 가까울수록 애증의 골
은 더 깊을 수밖에 없다. 수백 년 동안 양국 군대의 포성이 멈추
지 않았던 알자스 지방이 이를 증명한다. 이웃이라 해서 문화적
인 차이가 전혀 없는 것도 아니다. 독일인들은 신문을 즐겨 읽
는다. 퇴근하면 숲을 산책하거나 정원을 가꾸는 사람들이 많다.
프랑스인들에게는 신문보다 잡지가 좀 더 친숙하다. 여가시간에
는 상당수가 스포츠를 즐긴다.

두 나라의 차이는 철학에서 정치 구조에 이르기까지 다양한 영역에 걸쳐 있다. 그중에서도 가장 간극이 큰 것은 에너지 정책이다. 작년부터 탈핵의 길을 걷고 있는 독일과 달리 프랑스는 '원자력 제국'으로 남기를 고집하고 있다. 물론 프랑스의 변화 가능성도 점쳐진다. 올해 4월 22일 치러지는 대선에서 사회당과 녹색당이 승리하게 되면 프랑스 에너지 정책은 결정적인 전환점을 맞게 될 것이다. 여론조사에서 니콜라 사르코지 현 대통령을 앞서고 있는 프랑수아 올랑드 사회당 후보는 당선될 경우 2025년까지 58기의 원자로 중 24기를 폐쇄하겠다고 선언했다. 이렇게 되면 전력 생산에서 원자력이 차지하는 비중은 현 75%에서 50% 수준으로 축소된다.

역설적인 것은 최근 프랑스는 3주 넘게 지속된 매서운 한파로 심각한 전력난에 허덕이고 있다. 특히 열흘 전인 지난 7일은 프랑스에 굴욕적인 날이었다. 저녁 7~8시 피크타임 때 전국의 전력 소비량이 사상 최고치인 10만 500MW를 기록하면서 독일을 비롯한 인접 국가로부터 전력을 수입해야 했기 때문이다. 공급 부족이 예견되면서 전력 가격도 kWh당 505원까지 치솟았다. 당시 프랑스에는 원전 55기가 가동되면서 6만MW의 전력을 생산하고 있었다.

같은 시간 독일의 전력 소비량은 프랑스의 절반인 5만MW에 불과했다. kWh당 전력 가격은 프랑스의 37% 수준인 186원에 그쳤다. 전력 수출량은 수입량보다 4,000MW나 많았다. 이는 원전 3~4기가 생산하는 양이다. 독일의 인구는 프랑스보다 1,500만 명이나 많다. 전기를 많이 쓰는 제조업 비중도 훨씬 높다. 더구나 독일은 일본 후쿠시마 원전사고 이후 2022년까지 원전을 단계적으로 폐기하기로 하고 원전 17기 가운데 9기만 가동하고 있었다. 결국 원전과 결별 중인 독일이 원전에 목을 맨 프랑스에 판정승을 거둔 셈이다. 마치 죽은 제갈공명이 산 사마중달을 물리쳤던 것처럼. 어떻게 이런 일이 벌어졌을까.

프랑스는 전기 난방의 천국이다. 건물의 3분의 1은 실내를 전기로 데운다. 프랑스에서 겨울철 기온이 1도 내려가면 전력수요가 2,300MW 늘어난다는 공식이 생긴 것은 바로 이 때문이다. 추운 겨울을 제외하면 프랑스는 전기가 남아돌아 수출하는 나라다. 하지만 그뿐이다. 한파가 몰려오면 곧바로 전력을 수입해야 하는 처지로 전락한다. 원자력은 '전기 중독'을 부추기는 마약과도 같다. 전기가 필요 없을 때도 과잉 생산해 펑펑 쓰는 데 익숙한 사회 구조를 만들어낸다.

독일이 이번 한파에 견딜 수 있었던 것은 원전 18기와 맞먹는 양의 전기를 생산하는 남부의 태양광과 북부의 풍력 덕분이었다. 겨울이 오면 붕괴될 것이라던 독일 전력망은 강추위에도 건

재하고 전력 가격도 크게 오르지 않았다. 최근 일본에서는 '에너지 절약이 새로운 국민스포츠'라는 말이 유행하고 있다 한다. 일본은 오는 4월 말이면 모든 원전이 멈춰서는 탈핵 상태가 된다. 하지만 일본 국민들은 자신 있다는 눈치다. 한국에서도 지난달부터 시작된 절전 규제만으로 원전 3기를 폐쇄하는 전력 절감효과가 있었다는 소식이다. 이번 한파는 '원자력의 가장 강력한 적은 원자력 자신'이라는 사실을 증명해주었는지도 모른다.

〈경향신문〉 2012. 2. 17.

49
CHAPTER

재생가능에너지
'빅뱅시대'

"우리는 재생가능에너지로 미래를 개척해나갈 것이다."

최근 '탈원전'을 선언해 전 세계의 주목을 받고 있는 독일 앙겔라 메르켈 총리의 말이다. 독일 정부는 2022년까지 원전 17기의 가동을 전면 중단하고, 전력의 17%를 공급하고 있는 재생가능에너지 비중을 매년 1~2%씩 늘려가기로 했다. 2050년에는 전력의 80% 이상을 재생가능에너지로 공급해 세계 에너지시장을 주도한다는 것이 독일 정부의 구상이다. 독일발 '원전 제로' 결정은 우리나라 주식시장에까지 영향을 미친 것으로 보인다. 발표 당일 원전 관련주들은 급락했지만, 풍력과 태양에너지 산업을 주도해왔던 국내 기업들의 주식가치는 천정부지로 치솟았기 때문이다.

사실 원자력의 퇴조와 재생가능에너지 산업의 눈부신 성장은 오래전부터 세계 에너지시장에서 형성된 뚜렷한 흐름이었다. 2004~2009년 에너지원별로 세계 평균 성장률을 살펴보면, 원자력은 0.5%의 마이너스 성장률을 기록한 데 비해 태양광산업은 54.9%, 풍력 27.2%, 바이오 연료는 23.2%라는 엄청난 성장률을 보였다.

'뜨는' 에너지와 '지는' 에너지의 명암은 발전량에서도 확인된다. 재생가능에너지의 발전량은 2010년 사상 처음으로 원자력발전소의 발전량을 넘어섰다. 미국의 월드워치연구소가 펴낸 「세계원자력산업 현황 보고서 2010~2011」에 따르면, 전 세계 재생가능에너지 발전량은 2010년 모두 381GW로 원자력 발전량 375GW보다 6GW가량 많았다.

후쿠시마 원전사고를 계기로 원자력발전에 대한 안전규제가 더욱 엄격해지고 건설 및 운영비용이 급격히 늘어나면서 재생가능에너지와 원자력의 성장률 격차는 더욱 벌어질 것으로 보인다. 최근에는 세계 주요국들의 에너지 정책에 큰 변화가 나타나면서 기업들의 관심도 재생가능에너지 분야에 더욱 집중되는 양상이다. 재생가능에너지 분야만이 아니다. 에너지 저장장치, 고압 송·배전과 스마트 그리드 개발 등 에너지 손실을 줄이고 효율을 높일 수 있는 설비와 시스템에 대한 투자도 빠른 속도로 늘어나고 있어 세계 에너지시장의 판도 변화를 예상케 하고 있다.

"미래는 재생가능에너지의 것"임을 확인하는 보고서들도 쏟아져나왔다. 2,500여 명의 과학자들로 구성된 유엔 정부간기후변화위원회IPCC는 2011년 「재생가능에너지와 기후변화에 관한 특별보고서SRREN」를 통해 재생가능에너지가 2050년까지 세계 에너지 공급량의 최대 77%를 차지할 것으로 예측했다. IPCC는 총 164개의 미래 시나리오를 만들어 이 중 4개를 꼼꼼하게 검토한 결과, 2050년까지 재생가능에너지 생산량은 연평균 100엑서줄exajoule가량 증가할 것이라고 전망했다. 세계가 화석연료와 핵에너지에서 벗어나 재생가능에너지의 시대를 여는 것은 기술적으로 충분히 가능하다는 것이다.

2010년에 발간된 유럽재생가능에너지협회의 보고서는 더욱 적극적인 내용을 담고 있다. 이 보고서는 2050년까지 유럽연합에서 에너지를 100% 재생가능에너지로 공급하는 것이 가능하다고 주장한다. 유럽연합이 이 시나리오를 따를 때 온실가스 감축, 에너지 안보, 일자리 창출 등 3마리 토끼를 동시에 잡을 수 있게 된다. 예컨대 이산화탄소 배출량을 90%가량 줄여 3조 8,000억 유로(약 6,000조 원)에 달하는 온실가스 감축비용을 절약할 수 있다. 일자리 수는 2020년 270만 개, 2030년 440만 개,

2050년에는 610만 개까지 늘어나게 될 것이다.

최근 쏟아져나오고 있는 보고서들의 공통적인 결론은 세계가 화석연료와 핵에너지에서 벗어나 재생가능에너지의 시대를 여는 것은 기술적·경제적으로 충분히 가능하다는 것이다. 에너지의 역사에서 재생가능에너지가 미래의 에너지원으로 두각을 나타내게 된 계기는 2가지다.

첫 번째는 저물어가는 석유시대. 지금 지구 위에 사는 사람들은 모두 석유세대라고 볼 수 있다. 태어나서 땅속에 묻힐 때까지의 삶이 온통 석유에 의존하고 있기 때문이다. 석유는 20세기 이래 '모든 상품의 어머니'였다. 자동차 연료인 휘발유는 물론 화학 용매, 페인트, 아스팔트, 플라스틱, 합성고무, 섬유, 비누, 세제, 왁스, 젤리, 의약품, 화학비료 등이 모두 석유로 만들어진다. 하지만 석유를 값싸게 얻을 수 있는 시대는 이미 지나갔다.

국제에너지기구IEA는 석유의 고갈 속도가 예상보다 빨라지고 있으며, 석유 생산량은 앞으로 10년 이내에 최고치를 기록한 후 점차 감소할 것으로 예상하고 있다. IEA는 800개가 넘는 전 세계의 유전을 조사한 결과, 석유생산량이 연간 6.7%씩 줄고 있는 것으로 집계했다. 이 기구의 수석이코노미스트 패티 바이럴 박사는 "석유가 우리를 버리기 전에 우리가 먼저 석유를 떠날 준비를 해야 한다. 시작은 이르면 이를수록 좋다"고 경고했다.

두 번째는 사양길을 걷고 있는 핵산업이다. 현재 30개국에서 가동 중인 437기의 원자로 가운데 81%인 355기는 가동된 지 20~43년이 지난 노후 원전들이다. 건설 중인 원전은 모두 64개로 알려졌다. 핵산업의 전성기였던 1979년에는 건설 중이던 원자로가 233기에 달했다는 사실을 고려하면, 세계에서 가동 중인 원전의 수는 앞으로 10년 이내에 꽤 줄어들 것이다. 세계 전력 생산에서 핵에너지가 차지하는 비중 역시 1993년 18%에서 2009년 13%로 지속해서 감소하고 있다. 전력 이외의 모든 에너지로 보면 오늘날 원자력이 차지하는 비중은 2%에 불과하다. 이는 재생가능에너지의 비중이 이미 12.9%라는 사실과 대비된다.

후쿠시마 사고 이후 독일이나 스위스처럼 아예 탈원전을 선택하는 국가들이나 원전사업에서 손을 떼는 기업들도 늘어나고 있다. 최근 미국의 NRG 에너지는 일본 도시바와 조인트 벤처 회사를 설립한 후 원전사업 투자를 해왔지만, 지금까지 투자한 4억 8,100만 달러 전액을 손실 처리하고 사업 포기를 결정했다. 후쿠시마 원전사고 이후 안전기준 강화 등으로 사업을 계속 추진할 때 손실이 더 커질 것을 우려했기 때문이다. 풍력과 태양광의 경제성은 아직 원자력에 비해 낮은 것이 사실이다. 하지만 일부 국가에서 육상풍력은 이미 시장에서 충분한 경쟁력을 확보한 상태다. 전문가들은 조만간 풍력의 발전단가가 원자력보다 더 싸질 것으로 예상한다.

최근 재생가능에너지 확대를 둘러싸고 벌어지고 있는 국가 간 경쟁은 가히 전쟁 수준이다. 선두는 중국. 재생가능에너지에 관한 한 중국은 미국을 추월한 지 오래다. 2010년 544억 달러를 투자했다. 2009년에 견줘 39%나 증가한 수치다. 중국은 특히 풍력 터빈과 태양광패널 제조에서 핵심적인 역할을 담당하고 있다. 우리나라는 재생가능에너지 투자 성적이 G20 국가들 가운데 17위에 머물렀다.

이명박 정부는 '세계 3대 신재생에너지 강국으로 도약'이라는 거창한 목표를 내걸었지만, 2030년까지 신재생에너지를 고작 12% 수준으로 늘리고 원자력발전은 48.5%까지 확대하겠다고 한다. 앞뒤가 전혀 맞지 않는 얘기다. 재생가능에너지를 획기적으로 늘리려면 기술력과 경제성만을 따지는 근시안적인 태도부터 버려야 한다. 무엇보다 시급한 것은 원자력이 주는 환상과 유혹에서 벗어나는 일이다. 원전 위주의 에너지 다소비 사회를 유지할 것인가, 아니면 수요관리와 재생가능에너지 중심의 지속가능한 사회로 갈 것인가? 우리의 미래는 지금 이 선택에 달려 있다.

〈주간경향〉 2011. 6. 21.

50
CHAPTER

방사능 공포와 정부의
'안전 주술'

두렵다. 끝이 보이지 않는다. 일본 후쿠시마 원전 상황이 최악으로 치닫고 있다. 연이은 폭발과 화재, 격납용기 파손, 사용 후 핵연료 노출 등 시시각각 들려오는 소식은 인간이 자연을 제어할 수 있다는 믿음이 얼마나 허황된 것인지를 여실히 보여주고 있다. 원전사고가 다른 어떤 것보다 무서운 이유는 우리의 감각 능력으로는 알 수 없는 위험이 상상할 수 없을 정도로 긴 시간 지속된다는 데 있다. 하지만 공포감을 주는 건 '판도라의 상자'에서 뿜어져나오는 방사성물질만이 아니다. 더 끔찍한 것은 대중을 안심시킨다는 명분으로 '안전하다'라는 말만 되뇌는 기술관료주의자들의 카르텔이다.

아니나 다를까. 한국형 원자로는 일본 원전보다 안전하다는 정부와 핵산업계의 일방적인 주장이 시작됐다. 편서풍이 불기 때문에 원전 노심이 100% 녹는 최악의 상황이 발생한다 해도 우리나라는 아무런 영향도 없다는 발표까지 나왔다. 기상예보에는 늘 불확실성이 있다던 기상청은 '일본에서 누출된 방사성물질이 한반도까지 날아올 수 없다'고 단언했다. 한 방송에 출연한 원자력공학자는 '체르노빌은 지금 동식물의 천국'이라며 방사성물질 누출이 미칠 파장을 호도하기에 급급했다.

모두 제정신이 아니다. 이들의 태도는 지구 저편에서 유럽의 국가들이 취하고 있는 것과 극명하게 대비된다. 이번 사태를 계기로 독일은 원전 수명연장 계획을 연기하고 노후 원자로 7기의 가동을 중단했다. 스위스는 신규 원전건설계획을 포기한다고 선언했다. 외국의 대다수 전문가들은 최악의 경우 방사성물질 낙진이 북반구 전체로 확산될 수도 있다며 경계심을 늦추지 않고 있다. 국제민간항공기구 산하기관인 화산재예보센터는 우리나라와 일본, 중국, 러시아, 미국 등 5개국을 포함한 10개 지역 상공에 방사능 경보를 내린 상태다.

지리적으로 일본과 가장 가까운 우리가 이번 사태로 방사선 피해에 노출될 가능성이 가장 크다는 것은 상식에 속한다. 그럼에도 정부가 내놓는다는 반응이 고작 '풍향 타령'이라면 참담하기 짝이 없는 일이다. '최악의 경우에도 우리만은 안전하다'고 속삭이는 그 목소리들은, 과학이 아니라 맹목적인 주술에 가깝다. 우리가 역사로부터 배운 교훈은 자연계에서 '가능성 제로'란 있을 수 없다는 것이다. 체르노빌 방사성물질 낙진은 유럽 전역은 물론, 사고지역에서 8,000㎞나 떨어진 일본의 히로시마에서도 검출됐었다.

지금 우리가 숨죽이며 지켜보고 있는 사태는 사상 초유의 재난임에 틀림없다. 문명의 역사에서 지진과 쓰나미, 원전사고가 동시다발적으로 발생한 사례는 없었다. 1954년 세계 최초의 상업용 원전이 가동된 이래 사고는 부지기수로 있었지만, 방사성물질이 4개의 원자로에서 동시에 누출된 것은 이번이 처음이다. 실로 두려운 것은 원자로 내부에 저장된 사용 후 핵연료들이 완전히 노출돼 핵분열 연쇄반응을 일으키는 사태다. 그리 되면 세계는 체르노빌 재앙을 능가하는 방사능 공포에 전율해야 할지도 모른다. 따라서 지금 가장 시급한 것은 모든 정부부처와 정당, 시민단체를 아우르는 비상대책본부를 구성해 만일의 사태에 대비하는 일이다.

이제 세계의 운명은 후쿠시마 원전에 남아 사투를 벌이고 있는 70여 명의 손에 달려 있다고 해도 과언이 아니다. 하지만 우린 기억해야 한다. 체르노빌에서 제염작업에 동원되었던 어린

병사들이 '영웅' 칭호와 함께 비참하게 죽어갔음을. 그리고 이 끔찍한 재앙이 구소련의 개방을 재촉했던 결정적인 계기였다는 사실을.

〈경향신문〉 2011. 3. 18.

51
CHAPTER

생매장 구제역
가축들의 역습

죽어간 생명들의 역습이 시작된 것인가. 구덩이에서 벗어나려 몸부림치던 돼지들의 비명이 이제 비수로 돌아와 우릴 겨누고 있는 느낌이다. 생매장당한 가축들의 피가 넘쳐 길가로 흘러나오는가 하면, 주민들이 마셔오던 지하수가 붉게 물드는 곳까지 발견됐다. 하지만 지금은 시작에 불과하다. 재앙이란 놈은 봄이 오기만을 기다리고 있다. 녹아내린 땅에 비마저 쏟아지면 어디서 어떤 일이 발생할지 모른다.

비닐 두 겹만으로 가축 사체에서 흘러나오는 침출수를 막는다는 건 애초부터 불가능한 일이었다. 묻기에 급급한 나머지 매몰장소 선정이나 사후관리를 엉망으로 했기 때문이다. 워낙 서두르다 보니 주먹구구식 매몰 처리가 불가피했다는 변명도 들린다. 하지만 아무리 급해도 이럴 수는 없다. 낙동강 상류지역에서만 매몰지 89곳 중 절반이 넘는 45곳에서 식수원 오염 우려가 큰 것으로 드러났다. 대부분 경사가 급해 흙이 유실될 위험이 높거나 하천과 가까운 곳들이라니 가장 피해야 할 장소를 골라 수천 마리씩 묻은 셈이다. 4,000곳이 넘는 매몰지를 전수조사해보면 부실 건수는 부지기수일 것으로 짐작된다.

정부가 마련한 긴급행동지침이 지켜지지 않았다는 점도 충격적이다. 이 지침에 따르면, 관할 시·군은 가축을 묻은 날로부터 최소 15일은 주 2~3회, 이후 6개월은 매달 1회, 3년까지는 분기마다 매몰지 상황을 점검해 기록하고 관리해야 한다. 가축 사체가 썩으면서 나오는 가스 때문에 매몰지 내부 압력이 높아져 침출수가 유출될 가능성이 높기 때문이다. 하지만 사후점검과 기록을 제대로 한 곳은 많지 않은 것으로 확인되고 있다. 본격적인 살처분이 시작된 지 한 달이 지나도록 어떤 매몰지에서 어떤 일이 벌어졌는지 파악조차 안 되고 있었다는 얘기다.

이해할 수 없는 것은 환경부의 늑장대응이다. 며칠 전 환경부는 전국의 모든 매몰지에 대해 긴급 실태조사를 벌이고 주변과 상수원 상류에 있는 관정의 수질 모니터링도 강화하겠다고 밝혔다. 하지만 늦어도 너무 늦었다. 첫 살처분이 이루어졌던 작년

11월 말부터 시작했어야 할 일들이다. 초기 관리에 실패해 침출수가 새면 구제역 바이러스의 확산 가능성이 더 커진다. 환경부는 매립지 침출수에 관한 경험과 노하우가 가장 많은 부서다. 매몰장소 선정과 사후관리가 잘못되면 어떤 일이 벌어질지 몰랐을 리 없다. 하지만 얼마 전까지만 해도 구제역 대응에서 환경부의 모습은 찾아보기 어려웠다.

가축이든 사람이든 땅속에 묻히는 순간 위험한 오염원으로 바뀐다. 동물 사체에서 흘러나오는 침출수는 석회, 살균제, 진정제, 병원균이 가득한 독성물질 덩어리나 마찬가지다. 암모늄이나 칼륨 농도는 수천ppm(mg/ℓ), 화학적 산소요구량COD도 일반 하수보다 100배 이상 높다. 우리가 반면교사로 삼아야 할 국가는 2001년 구제역 확산으로 가축 250만 마리가량을 땅속에 묻었던 영국이다. 공학적으로 안전성이 검증된 매몰지를 선택했음에도 그 후과는 혹독한 것이었다. 석회와 살균제 성분을 함유한 침출수가 200건의 수질오염 사고를 일으켜 물고기 수천 마리가 떼죽음 당하기도 했다.

구제역 침출수 재앙을 막기 위해서는 매몰지 현황에 대한 정확한 파악이 급선무다. 그런 점에서 환경부가 다음 달까지 전수조사를 하겠다는 건 늦었지만 당연한 일로 볼 수 있다. 하지만 또다시 시간에 쫓겨 대충해서는 안 된다. 침출수가 문제가 된

영국 웨일스 에핀트에서는 묻었던 가축 사체를 다시 파내 소각하기까지 했다. 생명의 역습이 생태계를 뿌리째 무너뜨릴 것인지는 지금 우리가 어떻게 하느냐에 달렸다.

〈경향신문〉 2011. 2. 10.

52
CHAPTER

태풍과 홍수에 무력한
'토건' 대책 언제까지?

폭탄주, 세금폭탄……. 우리나라 사람들은 유난히 '폭탄'이라는
낱말을 즐겨 쓴다. 이번에는 물 폭탄이다. 2010년 인천 송도에
220㎜가 넘는 폭우가 쏟아졌을 때 한 신문의 기사 제목은 "중
부 '물 폭탄'…… 태풍도 올라온다"였다. 과격한 언사라면 외국
인들도 뒤지지 않는다. "날씨가 미쳤다"는 서양 언론들의 표현도
이제는 새롭지 않게 들릴 정도다.

　사실 지구촌 전역이 극심한 기상이변에 시달리고 있다. 불볕
더위와 집중호우, 산불이 잇따르면서 재산 피해와 인명 손실이
기하급수로 늘고 있다. 같은 해 7월 말에서 8월 초 2주일 동안
러시아 수도 모스크바를 강타한 불볕더위는 기온 관측 기록을

다섯 차례나 갈아치울 정도였다. 39℃를 웃도는 불볕더위가 며칠 지속하는 현상은 모스크바의 8월 평균기온이 22℃라는 점에 비춰 보면 매우 이례적이다. 한편 파키스탄은 갑자기 시작된 폭우로 80년 만에 최악의 홍수 손해를 입었다.

우리나라도 예외는 아니다. 무엇보다 여름철 강우 패턴이 변하고 있다는 게 문제다. 과거에는 비가 7월 장마철에 집중적으로 쏟아졌다. 1980년을 기점으로 8월 강우량이 25%나 증가했다. 같은 양의 비가 오더라도 장마가 끝난 여름 후반부로 갈수록 피해가 커진다. 이미 내린 비로 약해진 지반에 추가로 비가 내리면 산사태나 시설물 붕괴 가능성이 높아지기 때문이다. 최근의 강우 패턴은 짧은 시간에 쏟아지는 국지성 집중호우가 잦아졌다는 특징도 있다. 2002년 태풍 루사가 한반도를 강타했을 때 강릉에서는 하루에 870㎜ 넘는 비가 쏟아지기도 했다.

지난 20년간 우리나라에서 가장 많은 인명 손실과 재산 피해를 준 기상재해는 단연 태풍과 홍수이다. 하지만 시기별로 보면 둘 사이에는 상당한 차이가 있다. 1990년대에는 홍수로 목숨을 잃은 사람이 전체 기상재해 사망자의 80%를 웃돌았다. 그렇지만 2000년대에 들어서는 태풍 사망자 비율이 54%로 홍수의 2.5배나 된다. 공공시설 피해액도 유사하다. 1999~2008년 공공시설 피해 규모는 태풍 9조 5,959억 원, 호우 4조 3,518억 원으로 태풍 피해가 호우 피해보다 2배 이상 많았다. 지역별로 보면 인명과 재산을 가릴 것 없이 가장 큰 손해를 입은 지역은 강원도로 나타난다.

태풍과 호우 피해를 줄이는 일이 시급하다는 점을 부정하는 사람은 없을 것이다. 문제는 그 방향이 올바르냐이다. 매년 수해 예방과 복구 명목으로 강 정비에 수조 원에 달하는 돈을 쏟아부었지만 피해는 줄지 않는다. 이유는 무엇일까?

태풍과 홍수에 무기력하고 매년 큰 피해가 되풀이되는 것은 하드웨어 중심의 대책만 고집하는 낡은 사고방식 때문이다. 정부가 내놓는 대책은 예나 지금이나 댐을 만들고 제방을 높이거나 강바닥을 긁어내는 것이 전부다.

하지만 선진국들은 이미 하드웨어의 한계를 절감한 지 오래다. 그들은 재해 빈발 지역은 개발을 엄격하게 제한하고 가능한 한 주민을 안전한 지대로 이주시키는 소프트웨어 방식을 택하고 있다. 제방을 후퇴시키고 홍수터 복원을 서두르거나, 도심과 농촌 곳곳에 소규모 저류지貯溜池를 조성하는 것도 선진국형 홍수 방어의 특징이다. 물이 강으로 빠져나가기 전에 육상에 붙잡아두는 것이 가장 효과적인 정책이기 때문이다. 가뭄에 대비하기 위해서는 무작정 물을 가두기보다 물을 절약해서 쓸 수 있는 대책을 가장 먼저 고려하고 있다. 또 다른 특징은 성급하게 대책을 추진하기보다는 정밀한 평가와 사회적 토론을 우선한 다는 점이다. 재해 취약 지역이 어디인지 평가하는 일에만 보통 4~5년 이상 걸린다.

　대운하 논란을 떠나 4대강사업이 비판받는 이유가 여기에 있다. 4대강사업은 22조 원이 넘는 국가 예산을 쓰는 사업이지만 태풍, 홍수, 가뭄에 대한 지역별 취약성 평가를 생략했으며 사전환경성검토와 환경영향평가협의도 각각 2~3개월 만에 마무리했다. 핵심은 홍수의 주 피해 지역이 중소 하천, 산간 계곡지대, 농경지 배수지 불량 지역, 도시 저지대임에도 4대강사업이 기상재해에 대처하는 수단으로 타당한가의 문제다. 최근 경상남도의 분석 결과를 보면, 침수 피해는 낙동강 지천에서 200회 이상 발생하였지만, 본류에서는 단 여섯 차례에 불과했다.

　따라서 다음과 같은 의문이 생긴다. 이명박 정부는 4대강사업이 끝나면 홍수 피해가 사라질 것이라 장담하지만 과연 그럴까? 태풍 덴무나 곤파스가 찾아왔을 때 피해는 우려했던 것보다 크지 않았지만, 많은 비가 주로 4대강 본류와 동떨어진 경기·충남·호남 등 남북 방향으로 쏟아진 것은 어떻게 해석해야 할까? 4대강사업을 위해 복지예산을 삭감한 것도 문제지만, 기상재해 피해를 줄이기 위한 예산까지 엉뚱한 곳에 써서 막을 수 있는 피해를 키우고 있는 건 아닐까?

기상재해로부터 인명과 재산을 보호하기 위해서는 무엇보다도 우리나라 지역별 기후 시나리오를 만들고 재해에 취약한 지역을 가려내 맞춤형 대책을 세워야 한다. 그러자면 예측 및 예보 능력을 키우는 일이 필수이다. 어디에서 어떤 종류의 피해가 발생할지 오리무중인 상태를 벗어나야 제대로 된 대책이 선다.

〈시사IN〉 2010. 9. 6.

53
CHAPTER

코펜하겐의 좌절된 희망,
타이타닉호는 침몰하는가?

"코펜하겐은 호펜하겐Hopenhagen이 아니라 브로큰하겐Broken-hagen이었다."

기후변화를 막으려는 세계 시민들의 희망이 좌절된 것을 빗댄 말이다. '역사상 가장 중요한 2주일'이라는 수식어가 따라다녔던 코펜하겐 기후회의는 결국 많은 이들의 실망과 좌절을 뒤로한 채 막을 내렸다. '아무것도 합의하지 못한 시간낭비'라는 혹평은, 마지막 순간 '아무것도 없는 것보다는 낫다'는 정치적 수사와 오버랩 되었을 뿐이다. 판 자체가 깨지는 최악의 결과는 피했다지만 후폭풍은 거셀 것으로 예상된다.

먼저 협상 실패의 책임을 놓고 선진국과 개도국 사이에 상호

비난이 격화될 전망이다. 이는 이미 공식 폐회일인 지난 18일부터 시작됐다. 선진국들은 막판까지 2050년 장기감축목표 설정에 반대했던 중국을 껍데기뿐인 협상 결과의 희생양으로 몰아갈 태세다. 반면 개도국들은 "일부 국가들이 장막 뒤에서 비밀협상을 벌여 민주주의 원리를 심각하게 파괴했다"는 점을 부각시키고 있다.

드라마는 있었지만 정치는 없었다

'코펜하겐 협정'으로 부르는 두 쪽 반 분량의 최종 합의문 내용은 기대치에 비해 빈약하기 짝이 없다. 지구 기온을 산업화 이전보다 2℃ 추가 상승하는 것을 억제한다는 것과, 개도국이 기후변화에 대처하는 것을 돕기 위해 단기 지원기금으로 2012년까지 3년간 300억 달러(연간 100억 달러), 2020년까지 매년 1,000억 달러를 조성한다는 것이 내용의 전부라고 해도 과언이 아니다. 온실가스 감축에 대한 국제사회의 검증시스템을 만들고 산림 전용을 막기 위한 기금 조성에 합의한 것도 성과라면 성과다.

코펜하겐 협정문이 나온 것은 18일 밤 미국, 중국, 인도, 브라질, 남아프리카공화국 5개국 정상들의 마라톤회의를 통해서다. 이날은 아침부터 밤늦게까지 한 편의 숨 가쁜 드라마를 방불

케 했다. 오전으로 예정된 오바마의 연설은 전날 밤부터 새벽까지 지속된 30개국 비공식 회의의 지지부진으로 정오를 넘겨서야 시작될 수 있었다. 오바마의 연설에 세계의 눈과 귀가 쏠렸던 것은 파국으로 치닫고 있던 협상 분위기를 반전시킬 수 있는 마지막 카드로 인식되었기 때문이다. 독일의 유력 일간지 「쥐드도이체짜이퉁」은 "세계가 마치 메시아가 오는 것처럼 오바마를 기다리고 있었다"라며 기대감을 나타냈다. 전날 힐러리 국무장관의 연간 1,000억 달러 규모의 개도국 지원기금 합류 의사 발표에 이어 오바마의 입에서 보다 진전된 미국 온실가스 감축목표까지 나온다면 협상은 급물살을 탈 수 있을 것이라는 기대감이 반영된 셈이다. 분석가들은 미국이 2005년 대비 17% 감축안을 21%로 상향 조정할 가능성이 크다는 전망을 내놓기도 했다.

하지만 약 7분에 걸친 오바마의 연설이 끝나자 기대는 실망감으로 바뀌었다. 오바마의 연설 어디에도 추가 제안은커녕 미 상원을 향해 '기후변화법안'의 신속한 승인을 주문하는 내용조차 찾아볼 수 없었기 때문이다. 오바마가 연설하기 전만 해도 유럽연합은 회심의 카드를 만지작거리고 있었던 것으로 보인다. 오바마가 좀 더 진전된 감축목표를 내놓을 경우 자신들도 1990년 대비 20% 감축목표를 30%로 상향조정해 협상을 일거에 성공시킨다는 전략이 바로 그것이다. 하지만 알맹이 없는 오바마의 연설은 유럽연합으로 하여금 꺼내려던 카드를 다시 집어넣게 만들었다.

사실 내용이 없기는 오바마에 앞서 연설한 원자바오 중국 총리의 연설 내용도 마찬가지였다. 2020년까지 GDP 단위 기준당 온실가스 배출량을 40~45% 감축하겠다고 발표한 내용보다 더 감축하겠다는 선언 정도에 그쳤을 뿐이다. 원자바오 총리는 오바마가 중국을 겨냥해 "국제사회의 검증을 거치지 않은 협상문은 껍데기에 불과할 뿐"이라고 발언하자 회의장을 떠나 호텔로 향했던 것으로 알려졌다.

이때만 해도 협상은 완전히 물 건너간 것처럼 보였다. 준비기간까지 2년간의 노력이 물거품으로 돌아갔다는 자괴감이 회의장인 벨라 센터 안팎을 지배하기 시작했다. 하지만 많은 정상들이 자국으로 돌아갈 채비를 하던 이날 오후, 막후에서는 두 차례에 걸쳐 오바마와 원자바오의 면담이 이루어졌다. 이후 19일 새벽, 인도와 브라질 및 남아프리카공화국을 포함하는 5개국이 마라톤 회의 끝에 합의에 도달했음이 알려지게 된다. 하지만 합의된 내용은 다시 한 번 세계를 실망시키기에 충분한 것이었다. 드라마는 드라마에 그쳤을 뿐, 합의문에는 선진국과 개도국의 간극을 좁히지 못하는 취약한 정치적 역량이 고스란히 담겨져 있었기 때문이다.

간신히 살려낸 교토의정서 체제

사실 냉정하게 보면 이번 회의의 실패는 초반부터 예고되어 있었다. 회의 기간 내내 교토의정서 체제의 유지문제가 협상을 교착 상태로 몰아넣었기 때문이다. 미국, 영국, 덴마크 정부가 비밀리에 작성한 이른바 '덴마크 초안'은 교토의정서를 대체하고자 하는 미국과 유럽연합의 의도를 담고 있었다. 교토의정서의 틀을 벗어나게 되면 개도국도 어떤 형태로든 감축의무를 져야 한다.

이 초안이 영국의 일간지 「가디언」에 유출되자 회의장 곳곳에서 "교토의정서를 죽이지 말라"는 구호가 울려 퍼졌다. 이후 개도국들의 반격은 12월 14일 아프리카연합 소속 협상단이 회의 보이콧이라는 극한 카드를 꺼내들면서 본격화되었다. "선진국들이 싼 똥을 왜 우리가 치워야 하나?"라는 불만과 함께, 선진국들이 비밀협상을 벌인 데 대한 개도국들의 배신감이 터져나온 것이다.

유럽연합과 미국은 특히 중국이 개도국 모임인 G77 뒤에 숨어 말로만 온실가스를 줄이겠다는 태도를 취하는 것을 용인하지 않는 것을 협상의 가장 중요한 목표로 삼고 있었던 것으로 보인다. 미 상원은 중국이 국제사회의 검증체계를 수용하지 않는다면 국내 기후변화법을 승인하지 않겠다는 방침을 여러 차례 밝힌 바 있다. 반면 중국의 입장은 자국의 힘으로 추진하는 감축 노력까지 검증하겠다는 것은 명백한 '주권 침해'라는 것이었다. 또한 온실가스 배출에 있어서 역사적 책임이 가장 큰 미국이 자국의 감축 노력은 게을리하면서 그 책임을 개도국에 전가하고 있다는 것이 중국과 중국을 지지하는 개도국들의 시각이다.

사실 이 문제는 회의 기간 내내 휘발성이 가장 높은 쟁점이었다. 미국은 중국이 국제사회의 검증체제를 받아들이지 않으면 중국에서 제조된 상품에 국경세國境稅를 부과하겠다고 으름장을 놓은 상태였다. 민주당 소속 상원의원 10명은 오바마에게 보낸 서한에서 "상원은 경쟁국들로부터 미국의 산업을 보호할 수 없는 어떤 조약에도 서명하지 않을 것"이라고 경고하기도 했다. 미 상원에 계류 중인 기후변화법은 국경세 도입의 길을 열어둔 상태다. 결국 이 문제는 중국이 "주권을 침해하지만 않는다면 국제사회의 검증을 받아들일 용의가 있다"고 한발 물러서면서 해결의 실마리를 찾게 되었다.

교토의정서를 폐기하고 완전히 새로운 협약을 만들고자 했던 선진국들의 의도는 일단 무산된 상태다. 따라서 교토의정서 관련 선진국들의 감축의무와 미국과 중국 등 교토의정서에 포함되어 있지 않은 국가들의 감축문제는 2개의 트랙으로 나누어

다뤄지게 된다.

하지만 코펜하겐 협정은 치명적인 결함을 안고 있다. 지구 기온을 산업화 이전보다 2℃ 추가 상승하는 것을 억제한다는 것과 선진국들의 과감한 감축이라는 원론만을 언급하고 있을 뿐이기 때문이다. 2020년까지 선진국들이 달성해야 할 감축목표는 모두 괄호로 처리되었으며, 2050년까지의 장기감축목표는 아예 문구에서 삭제된 상태다. 내년 1월 말까지 모든 국가들이 자국의 온실가스 감축목표를 유엔에 보고해야 한다는 내용이 담겨져 있지만, 일부 개도국들의 반발을 감안하면 이마저도 성공할 수 있을지 불투명하다. 코펜하겐 협정은 192개국 모두가 만장일치로 서명해야 효력이 발휘된다. 하지만 끝까지 서명하지 않는 국가는 제외할 수 있어 '반쪽의 합의'가 이루어질 가능성도 있다.

코펜하겐 회의는 시간낭비였을까?

개도국이 기후변화에 대처하도록 선진국들이 기금을 마련해 제공하는 문제가 어느 정도 가닥을 잡은 것은 코펜하겐 회의의 유일한 성과라고 해도 과언이 아니다. 하지만 앞으로도 많은 장애물들이 기다리고 있다. 우선 매년 1,000억 달러에 달하는 천문학적인 기금을 어떻게 마련할지가 문제다. 국제 금융거래에

0.005%의 세금을 부과하는 토빈세 도입 주장이나 국제통화기금 IMF의 외환보유고를 활용하자는 아이디어는 모두 광범위한 동의를 얻는 데 실패한 상태다. 지원 대상 국가의 범위 설정 문제도 잠복해 있는 뜨거운 쟁점이다. 미국과 유럽연합은 최빈국과 군소도서국가群小島嶼國家들로 지원 대상을 제한해야 한다는 입장인 반면, 중국은 이를 '개도국 분열을 노리는 술책'으로 규정하고 있다.

코펜하겐 기후회의는 실패로 끝났다. 해수면 상승으로 나라가 통째로 사라질 위기에 처해 있는 투발루 협상단 대표는 "빠르게 가라앉는 타이타닉호를 타고 있는 느낌"이라고 말했다. 가장 뼈아프게 받아들여야 할 사실은, 구체적인 행동의 지연으로 수백만 명에 달하는 가난한 나라 주민들의 삶이 기후변화로 파괴되는 것을 방치했다는 점일 것이다. 혼돈과 불확실성의 시대가 시작되었다는 점도 두려운 대목이다. 내년에도 합의에 이르지 못한다면 인류는 '만인에 의한 만인의 투쟁'의 소용돌이 속으로 빠져들게 될지도 모른다. 언제까지 법적 구속력이 있는 합의에 도달한다는 내용조차 최종 문안에서 빠졌다는 점은 두고두고 오점으로 남게 될 것이다.

하지만 코펜하겐 회의는 시간낭비였을까? 협상 실패보다 무서운 것은 우리 모두가 희망의 끈을 놓아버리는 것은 아닐까? 정치지도자들의 실패가 인류 모두의 실패일 수는 없다. 역사는 절망에 갇혀 있을수록 더욱더 나락의 심연으로 빠져들었음을 증언한다. 그렇다면 지금이야말로 절망보다는 더욱 치열한 행동이 필요한 시점이 아닐까?

〈월간 함께 사는 길〉 2009. 12. 20.

54
CHAPTER

30년 후에 재앙 부를
'석면 불감증'

검은 민들레 박길래 씨를 기억하는 사람들은 드물다. 박씨는 2000년 4월 연탄공장 옆에서 살았다는 죄 아닌 죄 때문에 진폐증에 걸려 목숨을 잃었다. 몸과 영혼을 갉아먹는 고통과 싸우면서도 치열하게 환경운동에 앞장서던 그 모습이 선하다. 감기로만 알았던 병이 결핵으로 오진되고 결국 진폐증이라는 것이 밝혀졌어도 그녀의 병은 산업재해로 인정받지 못했다. 길고 긴 소송 끝에 겨우 주거력에 의한 공해병으로 인정받았을 뿐이다.

그리고 몇 년이 지나고 그때와 똑같은 일이 벌어졌다. 이번에는 집이 석면 취급 공장 가까이에 있었거나 석면 자재로 만든 건물을 해체할 시점에 그 근처에 살던 주민이 피해자가 되었다.

일급 발암물질인 석면은 사건이 발생한 이후부터 제조와 사용이 전면적으로 금지되었다. 잠복기가 10년에서 40년에 달해 질병을 앓아도 인과관계를 추적하는 건 하늘의 별 따기다. 그 때문에 환자와 가족들은 경제적·신체적으로 엄청난 고통을 당하면서도 정부나 가해자들에게 적절한 조처나 보상을 받지 못하고 있다.

2008년 10월 9일 시민환경연구소가 주최한 한 토론회에서 석면 피해자들이 쏟아낸 증언은 석면에 중독된 우리 사회의 단면을 가늠케 한다. 10년 전 주거개선사업이 대대적으로 벌어진 광명시 철산동에 거주했던 최형식 씨는 악성중피종 환자로 살날이 한 달이 채 남지 않았다는 선고를 받은 상태다. 그는 석면과 연관 지을 만한 직업을 가진 적이 없다. 자신의 병이 주거력에서 비롯되었다는 사실도 자신과 비슷한 처지에 있는 사람이 많다는 사실도, 환경단체에 문의하면서 최근에야 알게 되었다.

20년간 원인을 알 수 없는 질환으로 투병하는 부친을 수발하다가 부친의 사후에야 병인이 석면이며 병명도 가슴막염이 아니라 악성중피종이었다는 사실을 안 원정율 씨 같은 이도 있다. 그의 부친 역시 석면 관련 직업을 가진 적이 없고 석면제품 제조공장이 있는 부산 연제구 연산동에서 5년간 살았던 거주력만 있다. 문제의 석면공장과 1㎞ 정도 떨어진 한 초등학교에 다닌

원 씨 자신도 현재 폐 질환으로 고통받고 있다. 그는 자신의 폐 질환이 석면 때문에 생긴 환경성 질병인지 정밀 검진을 받을 작정이다.

그런데 원 씨 외에도 같은 초등학교 1회 졸업생인 한 여성 역시 폐암 진단을 받고 투병 중인 사실이 확인됐다. 그녀나 원씨의 질환이 모두 석면에서 비롯된 것으로 확인된다면, 연산초등학교에 다닌 모든 사람은 잠재적인 석면 피해자일 가능성이 크다. 서울의대 백도명 교수는 2040년에 우리나라에서 석면 피해가 최고조에 이를 것으로 예상했다. 석면 질환의 잠복기와 석면 건축물의 해체주기를 비교할 때 앞으로 30여 년간 환경성 석면 질환을 앓는 이가 많아질 것이 확실하기 때문이다.

환경성 석면 질환 증가를 부르는 가장 심각한 문제는 재개발 사업이다. 서울시에서만 2012년까지 18만 5,000여 채에 달하는 건물이 철거되었다. 재건축과 재개발사업을 대대적으로 추진하면 건물을 해체하는 과정에서 인근 주민과 건설 노동자들이 석면에 노출될 가능성이 크다.

그런데도 정부는 경기 부양을 위해 뉴타운 사업을 비롯한 재건축과 재개발사업에 대한 규제를 완화하겠다고 한다. 부족한 행정력을 이유로 석면 해체를 허가제에서 신고제로 바꾸겠다는 것이다. 정부의 석면 불감증은 섬뜩할 정도다. 학교보건법과 다

중이용시설 실내 공기질 관리법의 관리 대상에 아직도 석면 항목이 없다는 사실이 이를 입증한다.

경제가 어렵다고 환경복지예산을 줄이는 어리석음을 범해서는 안 된다. 석면이 부르는 가공할 위험으로부터 국민 건강을 지키자면 해야 할 일이 한둘이 아니다. 관련법을 대폭 정비하고 대책도 실효성 있게 가다듬어야 한다. 침묵의 살인자, 석면은 바로 우리 곁에 있다.

〈주간경향〉 2008. 11. 11.

55
CHAPTER

녹색성장과
'에코 파시즘'

"독일기술을 이끌어왔던 우리의 천재적 지도자는 위대한 환경주의자가 된 지 오래다. 그는 독일문화의 뿌리이자 오랜 꿈이었던 자연과 기술의 종합에 성공했다."

1941년 독일 잡지 「디 슈트라세Die Strasse」에 실렸던 글 가운데 일부다. 여기에서 말하는 위대한 환경주의자는 누굴까? 놀랍게도 아돌프 히틀러다. 채식을 즐기고 담배를 싫어했던 히틀러는 자서전 『나의 투쟁』에서 자연을 '모든 지혜의 여왕'으로 칭송했다. 그는 재생에너지에도 상당한 호감을 보였다. 심지어 지구를 생명체로 보는 가이아 이론과 비슷한 생각을 선보이곤 했다고 한다.

히틀러는 녹색주의가 좌뿐만 아니라 우로부터도 동원될 수 있다는 사실을 보여주는 대표적인 인물이다. 녹색은 어떤 정치 색채에도 스며들 수 있다. 좌파이론과 녹색주의가 손을 잡으면 서구 녹색당과 같은 모습이 된다. 위험한 건 극우정당이 녹색으로 분칠하고 나타났을 때다. 특히 인종주의와 녹색 상상력이 화학반응을 일으키면 '에코 파시즘'이라는 괴물을 낳게 된다. 따지고 보면 '자연 사랑'과 '호전적 인종주의'가 비빔밥처럼 뒤섞여 있는 것이 나치의 정치사상이다. 나치는 유기농업을 대대적으로 장려하고 당시로써는 세계에서 가장 강력한 환경보호법을 만들기도 했다.

박근혜 정부 출범 이후 녹색성장이 세간의 관심에서 빠르게 멀어져가고 있다. 이명박 정부는 녹색성장의 지적재산권이 자신들에게 있다는 식의 주장을 줄곧 펴왔는데, 그건 사실과도 어긋날 뿐만 아니라 현명한 태도는 더더욱 아니었다. 녹색성장이 이명박 정부의 전유물이라는 등식이 고착화될수록 새 정부가 이 정책브랜드를 그대로 계승할 가능성은 줄어들 수밖에 없는 것이 우리의 냉정한 정치현실이기 때문이다. 더구나 녹색성장은 이명박 정부가 전임 정부들이 추진해왔던 지속가능발전 이념을 밀어낸 자리에 강제로 이식한 국가비전이었다. 그래서일까. 녹색성장이 5년 만에 '창조경제'라는 새로운 구호에 밀려나고 있는 현실은 "뿌린 대로 거둔다"는 옛 격언을 떠올리게 한다.

돌이켜보면, 이명박 대통령이 2008년 광복절 경축사에서 새로운 국가비전으로 녹색성장을 내세웠을 때 정치권에서는 "뜬금없다", "국면돌파용이다"라는 말들이 흘러나왔다. 불과 몇 달 전 대선에서 7·4·7과 대운하 건설을 공약으로 내걸었던 사람이 갑자기 '녹색'을 외치기 시작했으니 그럴 만도 했다. 더구나 그때는 그해 봄을 내내 달궜던 촛불시위로 집권 1년 차 정권의 체면이 형편없이 구겨졌던 시기였다. 좀 더 진지하게 받아들인 사람들은 한국판 에코 파시즘의 등장을 점치기도 했다. 하지만 이명박 대통령이 민주주의를 후퇴시켰다 하더라도 정치성향이 극우라고 보긴 어렵고 인종주의와도 거리가 먼 것이 사실이다. 따라서 정치적 동원수단이라는 혐의가 짙지만 녹색성장을 에코 파시즘의 아류로 자리매김하는 데는 무리가 따른다.

녹색성장이 녹색을 가장한 개발주의의 변종變種이라는 의심은 이명박 정부가 과거의 낡은 공급 위주의 성장방식을 고수하면서 초래된 측면이 크다. 2008년 9월 정부가 발표한 '국민 주거 안정을 위한 도심공급 활성화 및 보금자리주택 건설방안'은 주택공급을 확대해 부동산 경기를 활성화시키겠다는 정책이었다. 당시 정부는 78㎢에 달하는 면적의 그린벨트를 해제해 녹지훼손 논란을 불러일으켰다. 각종 규제를 2년간 집행하지 않는다는 규제유예도 낡은 성장방식을 그대로 답습한다는 평가를 받았다. 수도권규제와 자연보전권역을 풀고 상수원 공장입지규제를 완화함으로써 이명박 정부의 녹색성장은 처음부터 '환경을 희생하는 성장'이라는 이미지를 갖게 됐다.

하지만 녹색성장이 신뢰성의 위기를 맞게 된 결정적인 계기는 4대강사업과 핵발전 확대정책이었다. 4대강사업을 둘러싼 논란에는 수많은 쟁점이 있지만, 이 사업의 핵심은 22조여 원을 들여 3년 만에 690.5㎞에 이르는 구간의 강바닥과 둔치를 파내고 16개의 보를 건설하는 것으로 요약된다. 이명박 정부는 이 사업의 목적이 친수공간親水空間 확보와 지역경제 활성화와 같은 개발 목적 외에 홍수와 가뭄 등 기후변화에 대처하기 위한 것이라는 주장을 폈다. 하지만 이 사업의 목적이 기후변화 피해를 줄이기 위한 것이었다면, 수많은 기후변화 대책 가운데 왜 유독 이 사업에 그토록 천문학적인 예산을 쏟아부었는지가 설명되어야 한다. 불과 3년 만에 군사작전 하듯 이 거대한 토목사업을 해치우려 했던 이유도 낱낱이 밝히는 것이 옳다.

핵에너지 관련 기술을 녹색성장의 핵심기술로 분류해 지원을 강화한 것도 국제사회에서 통용되는 상식과 배치된다. 이명박 정부는 핵발전 설비 비중을 2007년 26%에서 2030년까지 41%로 늘리고 발전 비중도 59%까지 늘릴 계획을 발표했다. 하지만 핵발전 비중을 늘려오는 과정에서 전력소비와 온실가스 배출량도 함께 증가해왔던 원인에 대한 냉정한 분석은 없었다. 국제사회가 핵에너지를 녹색기술로 분류하지 않고 있는 것은, 운영상의 안전성, 폐기물 영구처분의 윤리성, 우라늄 가격 상승 및 핵물질 확산과 우려 등 그 어떤 에너지 생산방식보다 많은 문제를 안고 있기 때문이다. 국제사회에서 핵에너지의 이용이 온실가스 감축수단으로 인정받지 못하고 있는 것도 같은 이유에서다.

녹색성장을 국가비전으로 제시하는 방식도 문제였다. 대통령의 한마디에 정부부처의 장관들이 일제히 대한민국의 녹색희망을 합창하고, 국무총리는 "녹색성장이 성공하면 미국과 일본을 10~20년은 앞서 나갈 것"이라고 바람을 잡았다. 국민에게 녹색성장이 무엇이고 왜 필요한지에 대한 설명은 없었다. 녹색성장의 한계는 이 이념을 추진했던 세력의 녹색과 민주주의에 대한 몰이해와 괘를 같이 한다. 남겨진 교훈이 있다면 불도저식 녹색성장은 에코 파시즘의 위기를 불러올 수도 있다는 사실일 것이다.

〈경향신문〉 2008. 8. 25.

56
CHAPTER

무시당하는 시장의
생태적 진실

환경문제와 씨름하다 보면 자괴감이 들 때가 잦다. 개발은 곧 땅값 폭등이라는 공식이 지나치게 굳어진 탓에 무분별한 개발을 비판하는 목소리조차 부당한 재산권 침해로 비난받는다. 그러니 불편함을 감수하고 더 갖고 싶은 욕망을 절제해야 한다고 외치는 사회운동이 인기가 있을 리 없다. 밥도 제대로 못 먹던 과거로 돌아가라는 말이냐는 말을 듣지 않으면 다행이다.

우리나라 환경이 과연 개선되고 있느냐에 대한 회의도 있다. 환경청이 발족한 지 28년, 환경부로 승격한 후 14년이 지났다. 국가 환경예산도 지난 10년간 3.5배나 증가했다고 한다. 하지만 국토 면적당 환경오염은 여전히 OECD 국가 중 최고 수준이다.

1992년 이후 산림, 갯벌, 농지는 해마다 각각 여의도의 22배, 12배, 25배가량 사라지고 있다. 지난 30년 전보다 과학기술은 비교할 수 없을 정도로 진보했지만, 이산화탄소 배출량은 곱절 이상 증가해 세계 평균 증가율의 4배나 된다.

각종 설문조사 결과를 보면 환경문제의 중요성에 대한 국민의 인식도 과거보다 비교할 수 없을 정도로 높다. 환경정책과 제도도 과거와 비교하면 괄목할 만한 수준으로 개선했다. 하지만 제도와 시스템이 나아졌다 해서 환경 갈등이 줄어들었다고 말할 수 있는가? 새만금, 천성산, 방폐장 문제 등은 거론할 필요도 없다. 신도시, 골프장, 도로 건설, 대운하 등 각종 개발사업에 봇물이 터지는 바람에 사회 갈등은 곧 환경 갈등으로 치부될 정도다.

"대한민국은 전 국토에서 굴착기의 굉음이 끊이지 않고 땅값 상승에 대한 즐거운 비명으로 날이 새는 건설공화국이다."

2007년 한 여당 국회의원의 입에서 나온 말이다.

왜 이렇게 되었을까. 환경 갈등의 조정자 역할을 해야 할 정부가 되레 환경 갈등을 촉발하는 진원지로 지목받는 이유는 무엇일까. 고민 끝에 내린 답은 이렇다. 정부가 '시장의 실패'에 개입하기는커녕 시장의 생태적 진실을 깔아뭉개고 있기 때문이다. 우리나라에는 시장주의자가 넘칠 정도로 많다. 하지만 그들은 환경문제에 관해서만은 시장 원리를 적용하려 들지 않는다. 심지어 환경을 파괴하고 오염시키면서 이득을 취하는 기업들에 그만큼의 대가를 지급하라고 요구하는 사람들을 '경제성장의 적'이라며 몰아붙인다. 정부가 환경 비용이 외부화externalization되면서 생겨나는 폐해를 교정하기는커녕 적극 조장하고 있다는 말이다.

시장이 생태적 진실을 반영하도록 하기 위해서는 '환경 순손실 방지제도'와 같은 획기적인 정책을 도입해야 한다. 도로 건설이나 택지 개발로 손실되는 생태계 요소의 가치에 상응하는 생태계 복원 의무를 개발 주체가 지도록 제도화해야 한다는 것이다. 아울러 선진국처럼 연안 및 내륙 습지, 훼손되지 않은 하천 구간, 생태 자연도 1등급 지역, 멸종 위기 1급 종 서식지역 등 개발을 금지하는 금기 지역taboo area을 자연환경보전법에 명시해야 한다.

국가가 '시장의 실패'에 적극 개입하는 또 다른 수단은 자원 및 에너지 관련 조세제도를 '생태적 진실'에 맞게 개혁하는 것이다. 2007년부터 교통세 일부가 환경부로 전입되고 있지만, 부분적인 손질만으로는 현재의 에너지 위기를 타개하기 어렵다. 이제는 화석에너지에 더 많은 세금을 물리는 대신에 늘어난 세수만큼 근로소득세나 법인세를 낮추는 혁신적인 세제 개혁이 필요하다. 환경 훼손의 대가에 관한 부담을 늘리고, 노동과 생산에 드는 부담은 줄이자는 취지다. 국민으로서는 에너지 사용에 따른 부담은 늘어나지만 그만큼 근로소득세가 줄어 조세 부담이 전체적으로 늘어나지 않는다. 생활을 친환경적으로 바꿀수록 조세 부담이 줄어 실질소득이 증가한다는 이점도 있다. 또한 기업은 법인세 경감으로 더 많은 사람을 고용할 수 있을 것이다. 생태적 진실에 가까이 다가설수록 일석삼조의 효과를 거둘 기회는 그만큼 커지게 된다.

<주간경향> 2008. 8. 19.

57
CHAPTER

에너지 위기가 곧
식량위기

요즈음에는 환경 위기가 곧 경제 위기라는 사실을 실감한다. 세계적인 경제 침체기에 성장 일변도 경제 정책을 편 정부의 실책을 제외한다면, 최근 우리 경제 여건이 어려운 원인 가운데 첫 번째로는 고유가를 들 수 있다. 고유가와 연동한 세계적인 식량 수급의 불균형 또한 우리나라를 비롯한 세계 대부분 나라의 민생 경제를 파탄으로 내몰고 있다. 알려진 것과 같이 세계 곡물가의 상승을 불러온 콩과 옥수수의 바이오 연료 전용은 고유가와 같은 석유 위기가 반영된 결과다. 그 덕에 가난한 식량 수입국의 식량 사정은 안보 위기로까지 치달았다.

우리나라는 어떤가? 우리는 아직 외국에서 식량을 구해올 수 있다. 아직은 그 식량으로 밥을 짓는 데 필요한 석유와 가스를 사올 수 있다. 하지만 그건 원유 가격이 그나마 배럴당 100달러 대에 있을 때나 가능한 일이다. 200달러를 줘야 석유 한 배럴을 사올 수 있는 시대가 된다면, 석유뿐 아니라 식량도 문제인 시대가 된다. 그 시대가 언제 올까? 멀지 않다. 2~3년 내라는 것이 자원 경제학자들의 예측이다. 식량 위기와 석유 위기는 한 묶음이다. 무분별한 화석 연료 사용이 가져오는 지구온난화는 식량 생산에 영향을 미쳐 결국 식량 위기를 부를 수밖에 없다.

언제부터인가 매년 정부의 경제 정책은 물가 안정을 우선하는 쪽으로 기울고 있다. 대통령이 특별히 관리하겠다던 생필품 가격이 줄줄이 인상되는 현실에서 성장 일변도의 정책을 접은 것이다. 하지만 정말 민생경제를 챙기겠다면 물가 안정에 역점을 두는 수준에 그쳐선 안된다. 정치사회학자이자 평화학자인 요한 갈퉁은 1998년 우리나라를 방문해 의미심장한 발언을 한 바 있다.

"에너지 자급과 식량 자급이 생존의 기본이다. 이 둘만 자급할 수 있다면 그 어떤 경제 위기에도 살아남을 수 있다."

그가 발언한 시점은 IMF 구제금융을 받던 시절이다. 경제 위기를 극복하기 위해 신자유주의 경제 정책을 편다면 일시적인 경제 회복은 가능할지 모르지만, 에너지 위기와 식량 위기의 문턱을 넘지 않는 한 진정한 경제 위기 탈출은 불가능하다는 것이 갈퉁의 메시지다.

여당의 정책위원장이 "지금 경제 상황이 환란 때와 닮았다"고 자인하는 판국이다. 생존이 가능해야 민생 안정도 가능하다. 민생 안정의 첫걸음은 갈퉁의 혜안과 같이 에너지와 식량의 자급률을 높이는 것이다. 국외에서 유전을 개발하고 식량 기지를 만드는 것만으로는 가속하고 있는 식량 위기와 에너지 위기 시대의 위안이 될 수 없다. 전 세계가 식량 위기와 에너지 위기를 타개하기 위해 전쟁까지 마다치 않는 국제 환경이 조성되면, 기왕의 계약 때문에 자국의 유전과 농토를 다른 나라에 빌려줄 얼빠진 나라는 없을 것이기 때문이다.

따라서 환경 분야의 세계적인 석학 레스터 브라운이 언명한 대로 '전쟁과 같은 스피드'로 대체에너지 확대와 곡물 증산에 나서야 한다. 시장의 보이지 않는 손이 수요 공급의 논리에 따라 대체에너지를 확대하고 곡물 증산을 선도할 것으로 생각하는 건 환상이다. 말이 좋아 효율 향상을 위한 민영화지 대자본에 공공영역의 서비스를 사유화하도록 허락했던 나라들의 실패를 본보기로 삼아야 한다. 우리에게 허용된 시간은 그리 많지 않다. '에너지-전력'과 '식량-물'이라는 생존에 필수적인 요소를 시장에 맡기는 대신 정부가 주도권을 놓지 않고 시민 사회의 지원을 얻어 대체에너지를 확대하고 식량자급률을 높이는 일에 속도를 내야 한다.

지금은 기업의 투자 환경을 개선한다는 명목으로 규제 완화에만 목을 맬 때가 아니다. 경제 정책의 방향을 이미 현실화하고 있는 에너지 위기와 식량 위기에 대응하는 쪽으로 확실하게 틀어야 한다. 엄청난 성장잠재력과 고용 효과를 지닌 재생가능에너지 산업을 일으키고 자작·소농 중심의 식량자급체제를 확보하는 것이 그 핵심이다. 민생은 경제와 환경을 떼놓지 않고 하나로 묶어 접근해야 풀린다.

〈주간경향〉 2008. 7. 1.

58
CHAPTER

장난감에 투영된
카나리아의 노래

석탄을 캐는 일은 예나 지금이나 무척 위험한 일이다. 갱도 안에서 무색무취의 유독가스들이 새어나오는 경우가 잦기 때문이다. 광부들이 뭔가 이상하다고 느꼈을 땐 이미 늦었다. 유독가스가 스며들어 몸의 신경계가 마비되는 속도가 대뇌에서 그것을 알아차리는 속도보다 빠르기 때문이다. 그래서 광부들은 새장에 카나리아를 넣어 갱도에 들어가기 시작했다. 광부들은 카나리아의 지저귐이 멈출 때쯤이면 즉시 하던 일을 멈추고 밖으로 나왔다. 석탄을 더 캐보려는 욕심을 이기지 못해 카나리아가 숨을 거둘 때까지 남아 작업했던 사람들은 십중팔구 카나리아와 같은 운명을 맞았다.

지금은 세계의 탄광 그 어디에서도 카나리아의 노래는 들리지 않는다. 유해화학물질의 위험이 사라져서가 아니다. 오히려 유해화학물질은 탄광이라는 울타리를 벗어나 일상생활의 모든 영역까지 침투했다. 무방비 상태로 유해화학물질에 노출돼 있는 현대인들의 모습은 어른과 아이를 가리지 않는다.

　지난 5월 19일 환경부는 시중에 판매되는 106개 장난감의 환경 위해성을 검사해 발표했다. 조사 결과 플라스틱과 금속 재질의 장난감에서 환경호르몬으로 의심되는 물질과 중금속류가 검출됐다고 한다. 하지만 환경부가 내놓은 대책은 상품 회수, 판매 중지 권고, 제조업체 지도 단속과 수입 제품 세관 단속 강화 등이 고작이었다. 환경부는 문제가 된 제품과 제조회사의 이름을 끝내 밝히지 않았다.

　이런 정도의 대책으로 우리 아이들을 유해화학물질로부터 보호할 수 없다는 건 분명하다. 아이들이 사용하는 장난감에조차 솜방망이 대책이 나오는 것은 '환경보건법'에 '어린이용품의 위해성을 자율에 의해 관리'할 수 있도록 정하고 있기 때문이다. 그뿐만이 아니다. 이 법은 규정을 어긴 제조회사들을 강력하게 처벌하는 대신 개선을 권고하는 데 그치고 있다. 장난감 제조회사들로서는 유해화학물질을 사용해도 그만, 사용하지 않아도 그만인 셈이다.

환경보건법이 처음부터 이처럼 솜방망이였던 것은 아니다. 작년 봄, 이 법률이 입법 예고되자 전국경제인연합회는 법률 내용이 기업을 이중 규제하는 것이라며 반발했다. 환경부는 결국 정책 효과가 의심스러운 권고와 기업 자율 관리 수준으로 법률 내용을 후퇴시키게 된다.

정부가 기업의 눈치를 보면서 어린이 건강권을 소홀히 취급하는 사례는 이뿐 아니다. PVC 제품에 유연성을 더하기 위해 가소제로 사용하는 프탈레이트 규제도 마찬가지였다. 프탈레이트는 발암성 생식 독성물질로서 대표적인 환경호르몬이다. 유럽연합은 작년 1월부터 14세 이하 어린이 용품에 프탈레이트 사용을 엄격하게 금지하고 있다.

우리나라도 작년 2월부터 이 물질의 사용을 금지하는 '유해화학물질관리법상의 지정고시'를 추진한 적이 있다. 하지만 환경부는 프탈레이트 가소제 사용이 금지되면 수출이 감소될 수밖에 없다는 업계의 주장에 굴복하고 말았다. 프탈레이트 가소제를 생산하는 화학회사들과 완구공업협동조합 회원사들이 자발적 협약을 맺는 내용으로 고시 내용이 축소된 것이다. 만일 프탈레이트 가소제가 취급제한물질로 고시되었더라면, 장난감 제조에 프탈레이트를 사용하는 기업은 5년 이하의 징역이나 5,000만 원 이하의 벌금을 물게 되었을 것이다. 하지만 지금으

로서는 업계가 협약을 '자율적'으로 깨도 바라만 볼 수밖에 없
는 처지다.

유해화학물질관리법과 환경보건법이 모두 관련 업체들의 자
발성에 의지하게 된 현재의 상황에는 심각한 문제가 있다. 두 법
의 핵심 내용인 규제 방식이 자발적 협약으로 약화된 것은 우리
사회가 여전히 카나리아의 울음이 그친 지하 갱도 속에 놓여 있
다는 증거다. 더 이상 지저귀지 못하고 가쁜 숨을 몰아쉬다 마
침내 숨을 놓아버리는 카나리아는 바로 우리 아이들일 수도 있
다는 사실을 깨달아야 한다. 화학물질로 가득한 세상에서 21세
기의 카나리아들이 하나둘 노래를 멈춘다면, 이 얼마나 끔찍한
노릇인가.

〈뉴스메이커〉 2008. 6. 24.

59
CHAPTER

핵산업에도
봄은 오는가

쇠락의 길을 걷던 핵산업이 두 번째의 르네상스를 맞고 있다고 한다. 이 주장의 진원지는 오스트리아 빈에 있는 국제원자력기구IAEA다. 간혹 이중 잣대 논란에 휩싸이곤 하는 이 기구는, 작년 6월 장밋빛 통계가 실린 보고서 한 권을 내놓았다. 전 세계적으로 모두 27기의 핵발전소가 건설 중이며, 기후변화 변수까지 고려하면 2030년에 핵산업은 2.5배 성장하리라는 것이다.

OECD 산하기구인 국제에너지기구는 이와는 정반대의 주장을 펼치고 있다. 현재 세계 에너지 생산에서 약 8%를 차지하는 핵에너지가 2030년에는 5% 정도로 감소한다는 것이다. 근거는 수명을 다해 폐쇄를 앞둔 핵시설은 많은 반면, 재생가능에너지 산업이 놀랄 만한 속도로 성장하고 있다는 사실이다. 핵에너지 감소추세는 특히 전력산업 민영화로 진입장벽이 사라진 나라들에서 뚜렷하다고 한다.

통계는 과학을 빙자한 미신이라는 말도 있지만, 국제기구들이 이처럼 상반된 예측을 내놓는 것을 어떻게 이해해야 할까? 논란거리의 이면에는 언제나 자신의 주장을 뒷받침하기 위해 동원하는 정보가 있기 마련이다. 한쪽의 주장을 그대로 받아들이기에 앞서, 근거로 제시된 정보의 진실성부터 확인해야 하는 이유가 바로 여기에 있다. 21세기 핵산업 시장의 기상은 과연 겨울인가 봄인가?

구미사회에서 신규 핵발전소를 건설하는 사례는 매우 드물다. 미국에서는 핵발전소 건설이 30년 동안 중단되어 있는 상태다. 독일, 영국, 네덜란드에서도 22년간 핵발전소를 새로 짓는 일은 없었다. 이미 오래전 핵에너지 탈피를 결정한 이탈리아, 오스트리아, 폴란드에서도 핵에너지 부활을 검토한다는 소식은 들리지 않는다. '핵에너지 메카'라는 프랑스도 마찬가지다. 예외가 있다면 최근 핵발전소 1기를 건설하기로 한 핀란드가 유일하다.

오랫동안 논란의 대상이었던 스웨덴의 경우는 특별한 편이다. 1980년 국민투표로 핵에너지 탈피를 결정한 이래 법률 제정에만 17년이 걸렸다. 야당과 핵산업의 집요한 뒤집기 시도가 있었기 때문이다. 1999년에는 최초로 '바세백' 핵발전소가 폐쇄됐다. 한때 찬핵론자들의 목소리가 커진다는 소식이 있었지만, 작년 11월 정권교체로 다시 핵에너지 탈피에 힘이 실리고 있다.

국제원자력기구가 핵산업 르네상스의 근거로 드는 27기의 신규 핵발전소 중 14기는 첫 삽을 뜬 지 17년에서 29년이 지난 것들이다. 절반 이상이 터만 잡아놓은 상태에 가깝다는 이야기다. 핵무기 개발을 포기하는 대가로 북한에 건설하려던 2기의 원자로까지 포함하면, 완공을 기약할 수 없는 핵발전소는 총 16기로 늘어난다. 핵발전소를 실제로 짓고 있는 곳은 인도, 일본, 중국, 대만 그리고 우리나라뿐이다.

핵산업에 르네상스가 도래했다는 국제원자력기구의 주장이 옳지 않다는 사실은 스스로 만든 통계에서도 드러난다. 1990년에는 총 83기의 핵발전소가 건설 중이었지만 1998년에는 36기로 감소했다. 현재 건설 중인 핵발전소는 27기(대만 포함 29기)이며, 그나마 절반은 완공조차 기약하기 힘들다. 그렇다면 르네상스는커녕, '장기불황'이라고 해야 어울리지 않을까.

정작 르네상스를 만끽하는 것은 태양력·풍력·소수력 등 재생가능에너지 분야다. 1993년 독일 전력산업계는 모든 언론매체를 광고로 도배한 적이 있다. 재생가능에너지의 비율이 수십 년 후에도 4%를 절대로 넘지 못하리라는 내용이었다. 하지만 이미 재생가능에너지의 비율은 10%에 달한다. 최근 통과된 재생가능에너지촉진법은 2020년까지 신재생에너지 비율을 최소한 50%까지 확대할 것을 규정하고 있다.

중국의 신재생에너지 확대 속도도 무서울 정도다. 재작년 풍력에너지의 신장률이 46%에 달했으며, 곧 독일의 재생가능에너지촉진법을 본떠 법률을 만들 계획이라고 한다. 전문가들은 2010년이면 중국에서 재생가능에너지 비율이 10%를 웃돌 것으로 보고 있다.

"핵발전은 수명을 다한 에너지 낭비시대의 낡은 모델이다." 독일 환경부장관 위르겐 트리틴이 체르노빌 참사 19주년을 맞아 한 연설문의 일부다. 미래는 에너지절약, 에너지효율 향상, 재생가능에너지 확대에 달려 있는데, 핵발전이 이들을 가로막고 있다는 것이다. 핵산업에 봄이 온다는 주장은 일부 찬핵론자들의 희망사항에 불과하다. 이 사실을 우리 정부 당국자들도 알았으면 한다.

〈서울신문〉 2005. 5. 16.

60
CHAPTER

경제야,
환경과 만나자

"환경단체가 외국처럼 골치 아픈 것은 마찬가지……." 박용성 대한상공회의소 회장이 지난 4일 국제상업회의소 회장에 선임된 뒤 밝혔다는 취임 소감이다. 그는 지금까지 환경 분야에서 문제가 생겼을 때 기업을 옹호해줄 조직이 없었다며 "노동자 단체에 대응해 한국경영자총협회가 있듯이 환경단체를 견제하는 기능을 갖춘 사측 단체를 만들어야 한다"고 제안했다고 한다.

우리 기업인들이 환경단체를 불편하고 거추장스러운 존재쯤으로 여기는 것은 전혀 새삼스러운 일이 아니다. 한국 기업의 환경기술 수준이 선진국의 40~70%라면, 경영자들의 환경의식 수준은 10~30%에 불과한 것이 사실이기 때문이다.

하지만 재벌도 글로벌 스탠더드에 맞게 고쳐야 한다는 소신을 갖고 있다는 '재계의 쓴소리' 박 회장의 발언이라면 문제가 달라진다. 더군다나 세계 최대의 민간국제경제기구 수장의 취임 일성이 이런 수준이라면 곤란한 일이 아닐 수 없다.

사실 기업인들과 환경운동가들 사이에 존재하는 인식의 간극은, 천동설을 완성했던 프톨레마이오스와 지동설을 제창한 코페르니쿠스의 세계관 차이에 비유할 만하다. 기업인들은 시장이야말로 가장 효율적인 자원의 분배자라고 믿지만, 환경운동가들은 시장이 생태적 진실을 말하지 않는 결점투성이라고 생각한다. 경제성장률이나 GDP처럼 양적인 경제지표에 일희일비하는 이들이 기업인들이라면, 환경운동가들은 기후변화에 따라 녹아내리는 북극의 얼음기둥과 해수면 상승에 촉각을 곤두세운다.

하지만 오늘날 환경과 경제의 불화는 구시대의 유물로 치부된다. 환경이 경제성장을 저해하는 것이 아니라 오히려 경제혁신과 새로운 투자를 선도한다는 것이 세계적인 흐름이다. 많은 나라들이 '환경보호가 일자리를 창출한다'는 정책슬로건을 채택하고 있는 것도 이상한 일은 아니다. 낡은 경제구조로는 오랫동안 지속되어 온 경기 침체와 높은 실업률을 해결할 수 없다는 사실이 점차 분명해지고 있기 때문이다.

이와 관련하여 독일 환경경영협회 대표 막시밀리안 게게는 『미래를 위한 공채公債』라는 책에서 가히 혁명적이라 할 만한 제안을 내놓는다. 독일인들이 소유하고 있는 총자산의 5%인 2,000억 유로(약 300조 원)를 공채 발행으로 조달한 후 에너지 효율 증대와 재생에너지의 보급에 투자하자는 것이다. 저자의 셈법에 따르면 10년 후에는 수백만 개의 일자리가 만들어질 뿐만 아니라, 매년 5%의 이자를 지급하고도 모든 원금의 상환이 가능하다.

한 대학의 석좌교수이자 500여 개 기업이 가입되어 있는 경제단체 수장의 원대한 계획이 언제쯤 실현될 수 있을지에 대해서는 알 길이 없다. 우리 현실을 생각하면 황당무계한 이야기로 받아들일 여지도 없지 않을 것이다.

하지만 분명한 것은 '미래를 위한 공채론'은 건설경기 부양을 위해 230여 개의 골프장을 건설한다는 정책 따위와는 차원을 달리한다는 점이다. 또한 골치아픈 환경단체를 견제하기 위해 사측 단체를 만들어야 한다는 발상과는 더욱 거리가 멀다.

경기침체와 생태계의 위기를 한 손에 나란히 붙어 있는 2개의 손가락으로 보는 시각은 정작 우리에게 더 필요한지도 모른다. 자원고갈과 지구생태계의 파괴를 견뎌낼 수 있는 경제란 존재하지 않으며, 경제구조의 문제를 비켜가는 환경논의는 공허할 뿐이다. 남과 북이 만나고 뽕짝과 테크노가 공존하는 이 시대, 우리라고 화해하지 못할 이유는 없다. 경제야, 환경과 만나자.

〈서울신문〉 2004. 12. 20.

KI신서 5671

어느 지구주의자의 시선

1판 1쇄 발행 2014년 6월 16일
1판 2쇄 발행 2015년 6월 12일

지은이 안병옥
펴낸이 김영곤 **펴낸곳** (주) 북이십일 21세기북스
부사장 이유남
출판개발1실장 신주영
국내기획팀 최지연 남연정 김소정 **디자인 표지** 권민지 **본문** 윤인아
영업본부장 안형태 **영업** 권장규 이경희 오하나 정병철
마케팅본부장 이희정 **마케팅** 민안기 김홍선 김한성 최소라 백세희
출판등록 2000년 5월 6일 제10-1965호
주소 (우413-120) 경기도 파주시 회동길 201(문발동)
대표전화 031-955-2100 **팩스** 031-955-2151 **이메일** book21@book21.co.kr
홈페이지 www.book21.com **트위터** @21cbook
블로그 b.book21.com **페이스북** facebook.com/21cbooks

ⓒ 안병옥, 2014

ISBN 978-89-509-5613-4 03330